すぐに役立つ

◆これならわかる◆

入門図解 **任意売却と債務整理の しくみと手続き**

認定司法書士 **松岡 慶子** 監修

三修社

****
本書に関するお問い合わせについて
　本書の内容に関するお問い合わせは、お手数ですが、小社あてに郵便・ファックス・メールでお願いします。お電話でのお問い合わせはお受けしておりません。内容によっては、ご質問をお受けしてから回答をご送付するまでに1週間から2週間程度を要する場合があります。
　なお、個別の案件についてのご相談や監修者紹介の可否については回答をさせていただくことができません。あらかじめご了承ください。

はじめに

　ある程度貯蓄ができ、生活が安定してくると、住宅ローンを組んで家を購入したり、あるいは一念発起して事業を始める人もいるでしょう。しかし、その一方において「住宅ローン破たん」や「事業失敗による破産」という話もまた珍しいものではありませんし、勤務先企業の経営不振によるリストラや給与カットといった事態も十分に起こり得ることです。病気や事故などによる突発的な支出の増加や離婚、介護など個人をとりまく状況の変化もまた、生活を逼迫させる要因にもなります。こうした事態に直面し、多くの場合、住宅ローンや金融機関からの借入金の返済が憂慮すべき問題として深刻化してきます。

　債務者が不動産を所有している場合、返済が滞ると、債権者は最終手段として、裁判所に申し立てることにより、債務者の所有する不動産を売却し、その売却代金から優先的に債権を回収しようとします。これが「不動産競売」と呼ばれるもので、自宅を失うだけでなく、近隣住民などにも知られる可能性があることから心理的負荷も高く、多くのデメリットを覚悟しなければなりません。もっとも、競売手続きが進行中であっても、競売を回避する方法はあります。それが「任意売却」です。任意売却とは、裁判所を介さずに自宅を売却することで、競売に比べて経済的利益が高く、近隣住民に知られる危険性も低いことから精神的ストレスも低減できるという利点があります。

　本書では、住宅ローンを抱える個人及び不動産を所有する事業主を想定し、競売を回避する有効策としての任意売却の概要や手続きの進め方などをわかりやすく解説しているのが特徴です。また、任意売却後に債務が残った場合の借金整理についても、自己破産だけでなく、住宅ローン特則を利用した個人民事再生など状況に応じた選択肢を提示しています。

　本書を通じて皆様の問題解決のお役に立てれば幸いです。

監修者　認定司法書士　松岡慶子

Contents

はじめに

第1章　不動産を保有する人の債務整理と任意売却

1. 不動産所有者が債務整理をするときはどうすればよいか　10
2. なぜ住宅ローン返済が苦しくなるのか　12
3. どうしても返済できないときはまず何をする　18
4. 事業者が倒産すると不動産などの保有財産はどうなるのか　21
5. 競売や任意売却はどのように利用したらよいのか　28

第2章　任意売却のしくみ

1. 任意売却について知っておこう　34
2. 任意売却の手続きについて知っておこう　38
3. 任意売却をするためにはどんな要件が必要なのか　41
4. 任意売却のメリットについて知っておこう　43
5. 自宅を親戚に売却し、貸してもらう方法もある　45
6. 任意売却のデメリットについて知っておこう　48
7. 任意売却する前につかんでおきたいこと　50
8. 任意売却は誰が主導するのか　55
9. 債務者が債権者との交渉過程で気をつけること　57

10	住宅ローンを組んでいる場合の任意売却には注意が必要	59
11	買受人を探す	61
12	売価代金の配分について知っておこう	64
13	担保解除料について知っておこう	68
14	契約書をチェックする	72
	書式 任意売却契約書	74
15	条件面で合意ができたら	77
16	競売・任意売却のときも税金がかかる	82
17	破産管財人主導での任意売却について知っておこう	86
Column	担保がついていない不動産の処分	90

第3章　不動産競売と担保権実行のしくみ

1	強制執行のしくみを知っておこう	92
2	不動産執行はどのように行われるのか	98
3	抵当権・根抵当権について知っておこう	101
4	担保権の実行について知っておこう	106
5	住宅ローン保証会社の代位弁済について知っておこう	112
6	住宅ローンが支払えない時の対策について知っておこう	114

第4章　不動産保有者や事業者のための債務整理の方法

1　いつ借金整理を決断するか　　　　　　　　　　　118
2　どんなところに相談すればよいのか　　　　　　　122
3　借金整理にもいろいろある　　　　　　　　　　　126
4　支払不能になっているかどうかを確認する　　　　133

第5章　自己破産のしくみ

1　自己破産について知っておこう　　　　　　　　　138
2　財産があるかないかで手続きは変わる　　　　　　141
3　自己破産するとどんなデメリットがあるのか　　　144
4　保証人が自己破産することもある　　　　　　　　148
5　申立前にどんなことを準備しておくべきか　　　　152
6　裁判所への申立てにかかる費用はどのくらいか　　156
7　自己破産する際の手続きを知っておこう　　　　　161
8　破産管財人が選任されると管財事件になる　　　　163
9　ローン中のマイホームを抱える人が自己破産するには　167
　　書式　オーバーローンの上申書　　　　　　　　　170
10　添付書類をそろえる　　　　　　　　　　　　　　171

11	破産手続開始・免責許可申立書の書き方	174
12	破産審尋から破産手続開始決定を受けるまで	181
13	破産財団の換価・配当手続きはこうなる	183
14	免責手続について知っておく	185

第6章　個人民事再生のしくみ

1	その他にも住宅ローンなどの債務を圧縮する方法はある	190
2	個人民事再生とはどんな手続きなのか	193
3	小規模個人再生の対象債権はどうなっているのか	197
4	借金総額が5000万円以下であることが条件	199
5	個人民事再生手続の流れを知っておこう	201
6	小規模個人再生の申立書類について知っておこう	206
7	マイホームを保持しながら借金整理する方法もある	210
8	対象になる債権にはどんなものがあるのか	212
9	保証会社の競売中止命令と再生計画について知っておこう	215
10	同意不要型と同意型がある	217
11	返済の負担を軽減する他の方法にはどんなものがあるのか	219
12	申立関係書類と再生計画案の書き方を知っておこう	222

Q & A

法人と個人では事業を終わらせるときの手続きがどのように違うのでしょうか。	26
廃業できるかどうかはどこで決まるのでしょうか。	27
親に借金があるので相続放棄をしたいのですが、先に不動産を売却してもよいのでしょうか。また、不動産に住み続けることも可能でしょうか。	31
任意売却によって債務が減れば認定司法書士に債務整理を依頼することも可能なのでしょうか。弁護士ではなく認定司法書士に債務整理を依頼するメリットについて教えてください。	32
債権者は任意売却にあたってどんな点を見ているのでしょうか。	53
任意売却にはどんな費用がかかるのでしょうか。	63
知り合いに保証人になってもらっているのですが、任意売却した場合、後で保証人とトラブルになることもあるのでしょうか。	80
不動産執行にはどんな特徴があるのでしょうか。	97
事業を終わらせる際に、何をしておくべきでしょうか。	120
ローンで困った場合にはどこに相談すればよいのでしょうか。費用の目安についても教えてください。	124
過払い金を返還請求することができる場合とはどんな場合でしょうか。	132
事業者や住宅ローン債務者で、弁護士や認定司法書士に債務整理を依頼するための費用がないときはどうしたらよいのでしょうか。	136

第1章

不動産を保有する人の債務整理と任意売却

不動産所有者が債務整理をするときはどうすればよいか

不動産を手放すリスクを負うことになる

● 借金を抱える事情はさまざま

「住宅ローンを組んだものの支払いが滞ってしまった」「事業を起こしたものの経営難に陥ってしまった」「資産を増やすつもりで始めた投資に失敗し逆に負債を増やしてしまった」などというように、人が借金を抱えてしまう事情には、さまざまなものがあります。

多額の借金（債務）を抱え、資金繰りに行き詰まってしまったときには、債務整理を検討することになります。しかし、不動産を所有している場合には、債務整理の進め方について、よく考えてから行動することが重要になります。なぜなら、債務整理の方法によっては、その所有している不動産を手放さなければならなくなるというリスクが生じる可能性があるからです。

● ローンで首が回らない

住宅ローンを組んで念願のマイホームを購入するという人も多いでしょう。しかし、せっかく手に入れたはずのマイホームも、月々のローンが支払えなくなると、その自宅は競売にかけられて、手放さなければならなくなるという事態に陥ってしまいます。

ローンで首が回らなくなってしまった人たちも、最初から「途中で払えなくなるかも」と思ってローンを組んだわけではありません。当然、自分の収入の範囲内で払えると思ったからこそ契約したはずです。それでも長い年月の間に、病気や事故、景気の停滞、不況など予想し得ないさまざまな困難が襲い、だんだんと深みにはまっていってしまうことがあるのです。

いったんローンの支払いが滞り始めると、人は焦りから判断力を鈍らせ、冷静なときであれば絶対に行わないような行動、たとえば金利の高い消費者金融から借り入れて住宅ローンを支払うなどといった行動に走ってしまいがちです。そうなってしまうと、もう簡単な方法では元の状態に戻ることができません。場合によっては家族がバラバラになったり、命を奪うような状況に陥ってしまうことさえあります。このような最悪の事態に陥る前に、一刻も早く当事者自身がそのことに気づき、冷静に対策を考えなければなりません。

● 事業や投資に失敗して資産を手放さなければならない

　その他にも、本来は利益を得ることを目的にしていたのに、逆に多くの負債を抱えることになってしまった、というケースも考えられます。たとえば、新しい事業を起こしたり、投資を行うことなどが、これにあたります。

　一般的に、利益を得ようとする行為には、一定のリスクが伴うものです。たとえ細心の注意を払っていたとしても、常に希望通りの利益につながるわけではありません。どんなに計画的に事業や投資に取り組んでいたとしても、全く思いがけないような事態（国の政策変更や世界経済の動向、事件や事故、自然災害など）が原因となり、大きな損害を被ってしまうということも、珍しくはないのです。

　また、「多少の損害が生じたとしても、後々取り返せる」と安易に考え、放置していたところ、気がついたときには身動きがとれないほどに負債が膨れ上がってしまったという状況も考えられます。

　このように、事業や投資で失敗し、抱えた負債を処理しきれなくなった場合には、債務整理を行わなければならなくなります。このとき、事業資産として不動産を所有している場合や、投資用の物件を所有している場合には、それらを競売にかけるなどして、手放さなければならないこともあります。

② なぜ住宅ローン返済が苦しくなるのか

頼りになるのは最終的には自分

● 住宅ローン債務が増えるわけ

　住宅ローンは長期間に渡り支払っていくものです。その間には、リストラや病気・事故など、さまざまなことが起こり得ます。また、ローンの種類によっては急激に金利が上昇することもあります。このような場合、多くの人は、借金をしてでも住宅ローンを支払い、自宅を守ろうとします。そのため、借金が雪だるま式に増えていくことになります。

　ところで、住宅ローン商品を供給する金融機関などは、なぜ積極的に消費者のニーズに対応して顧客を集めようとしているのでしょうか。

　まず、住宅ローンには、契約の際には購入対象の物件に抵当権（101ページ）をつける、連帯保証人や連帯債務者をつける、保証会社（112ページ）と保証契約を結ぶ、といった確実な担保があります。

　また、多くの人は大事なマイホームを守ろうとするため、返済を滞らせる人が少ないと考えられます。さらに、住宅ローンは1件あたりの月々の収益はわずかでも、長期にわたって安定的に利益を上げられる商品だということも理由として挙げることができます。

　このような理由により、住宅ローンは供給側（金融機関）から見て、非常に優良な債権であるため、重要な商品となっているのです。

●「金利優遇」という言葉には落とし穴がある

　住宅ローンを組む際に「金利優遇キャンペーン」「キャッシュバック」などといった言葉をよく目にします。一見金利が安くて非常に借りやすいように見えるローンもあります。

いくつかある金利タイプの中でも特に注意が必要なのが短期の固定金利選択型のローンです。最初の２、３年はわずか１％といった破格の金利でローンを組むことができ、月々の返済額も少額ですむというメリットもありますが、このタイプには非常に大きなリスクもあります。当初の返済額が安いという理由だけでこのタイプの金利を選んでしまうと、キャンペーン期間が終了したとたん急に２倍、３倍の返済額を払うハメになることも少なくはありません。
　一時的には「優遇」されていても、そのツケは必ず後から払うハメになることを肝に銘じておいた方がよいでしょう。

● きちんと返済できるかの見きわめは自分しだい

　住宅ローンを借りる先は、通常の場合、銀行などの金融機関です。気をつけたいのはローン担当の行員が常に借り手の身になってベストな方法を提案してくれるわけではないということです。

　銀行は慈善事業ではありませんから、相談をした場合には借り手に最も有利なローンではなく、金融機関が最も儲けることのできるローンを勧めてくることもあり得ます。借り入れる本人が、本当にそのローンを最後まで返済することができるか、金利プランにムリはないかどうかなどを検討しなければならないといえます。

■ 銀行が住宅ローンをPRするのはなぜ

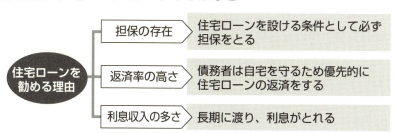

●借入可能額と返済可能額は違うことに注意する

　住宅ローンは、向こう数十年にわたって毎月返済していかなければなりません。ローンを組んだ時は働き盛りであっても、返済の終了する35年後には退職して、つつましい年金生活をしている可能性が大きいわけですから、自分の人生設計に合わせてムリのないローン計画を立てる必要があります。

　ローンを組んで住宅を購入する際に、私たちは借入可能額、つまり「いくら借りられるか」を重視しがちです。借入可能額は申し込む人の年収などから算出されますが、実はこの額と実際に毎月返済することのできる額（返済可能額）との間には大きなギャップがあります。「どうせ借りるのだから」と借入可能額ぎりぎりまで借りてしまうと後々の返済がずっしりとのしかかってくることにもなりかねません。

　ローンを組む前に、自分が毎月いくらまでなら返済できるのかを冷静に算出し、あくまでもこの範囲で買える物件を選ぶのが鉄則だといえるでしょう。住宅は大きな買い物であり、日常の金銭感覚が鈍ってしまうことが多いものです。普段は節約に心がけている人でも急に気持ちが大きくなり、「いくらまでなら借りられますよ」という言葉につられて予定よりも高い物件を選んでしまい、後から返済に泣くことになるケースも散見します。不動産業者や金融機関の甘い言葉に踊らされず、分に合った金額のマイホームを選ぶことが大切です。

　ここで、ケースを基に考えてみましょう。Aさんの年収は500万円、返済可能額は毎月10万円とします。借入可能額は通常、年収に占める年間返済額の割合である「返済負担率」を基準に算出されます。金融機関では、返済負担率を概ね年収400万円未満であれば30％以下、400万円以上であれば35％以下を目安に設定しています。

　では、Aさんの借入可能額はいくらになるでしょうか。返済期間35年、年利2％、返済負担率35％で計算すると、4402万円まで借入を行うことができます。年利4％にしても、3294万円まで借入可能です。

ただし、毎月の返済額は、14万5900円となり、返済可能額を46％も上回ってしまいます。返済負担率を25％まで引き下げれば、借入可能額は3145万円（年利2％）〜2353万円（年利4％）、月々の返済額は10万4200円となり、返済可能額に近づきます。それでも年に5万円も多く返済しなければならなくなります。

このように、借入可能額と返済可能額は全く別のものなのです。ですから、借入可能額に惑わされて住宅ローンを組んでしまうと、後から返済地獄に陥ることにもなりかねません。そこで、返済負担率を20〜25％に抑え、借入可能額ではなく、返済可能額を基準に借入額を決定することが大切になってきます。

● 住宅ローンは早く返せばよいというわけではない

住宅ローンは通常、数千万という大金を20年、30年、35年と長い期間にわたって払い続けるものです。いったん借りた以上、返済はしなければいけないわけですが、契約どおりに月々の返済を続けていれば、長い期間の間に何人担当者が変わっても、金融機関から早期返済を促されることはありませんから、特に慌てる必要はありません。ゆっくり構えて返済していけばよいのです。

■ 借入可能額と返済可能額

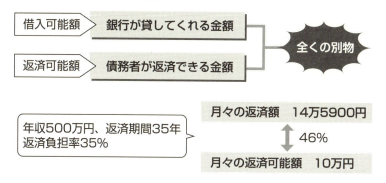

ところが、主婦向けの雑誌やファイナンシャルプランナーのホームページなど、住宅ローンに関する情報提供を行っているTVや雑誌を見ていると、「繰上げ返済は有利」というような内容のものをよく目にします。

繰上げ返済とは、あらかじめ予定された期間より前にローンの返済を終わらせてしまうことです。繰上げ返済をして元金を減らすと、支払う利息の額が減るので、トータルの支払総額が少なくてすむといった理由から有利だとされています。ここ数年、預金をしても利息はほとんどつかず、投資で利益を得るのも難しい状況が続いているため、下手に資産運用をするよりも借金を減らした方が有効という見方がされているようです。

確かに、住宅ローンを予定より早く完済することができれば、利息の額は少なく抑えることができますし、支出の大きな部分を占めていたお金を自由に使えるようになるわけですから、繰上げ返済をした方が大きなメリットが得られるかもしれません。ただ、だからといってやみくもに繰上げ返済をすると、後悔するような事態になることもあります。これには次のような状況が考えられます。

① **住宅ローン契約の契約者が早い時期に亡くなってしまった**

通常、民間の住宅ローンの契約をするときには、団体信用生命保険への加入が条件となっています（フラット35は任意加入）。団体信用生命保険とは、ローンの借主が死亡したり、高度障害状態になり、ローンの返済ができなくなったときには、ローンを帳消しにする保険のことで、この保険に加入している場合、繰り上げ返済に踏み切るかどうかは検討が必要になります。

団体信用生命保険は契約者が死亡もしくは高度障害を負った場合に保険金が支払われるという点では一般の保険金と同じです。しかし、一般の保険金が指定された受取人に直接支払われるのに対し、団体信用生命保険はローンの残高を弁済するという形で支払われるという違

いがあります。つまり、住宅ローン契約の契約者が早い時期に亡くなってしまった場合、繰上げ返済をしなくてもローンの残高がなくなるのと同じ状況になるわけです。

② リストラや倒産、病気などで収入が急激に減ってしまった

　長い人生の間には、予期せぬことが起こります。住宅ローンを組んだ時点では、同じ会社で順調に勤め続けることを前提として返済計画を立てているかもしれませんが、リストラや倒産、病気、やりたいことが見つかったなど、さまざまな事情で急に転職することも十分あり得ます。転職して、給与が高くなるのであれば、何の問題もないのですが、現実にはなかなかそうはいきません。年収が２～３割、中には半分にまで減ってしまうという人もいるでしょう。そうなると、大きな負担になるのが住宅ローンです。家計を維持していくためには、借り換えや金利の見直しなどをして返済額をできるだけ減らすことを考えるわけですが、ここで繰上げ返済があだになることがあります。

　通常、住宅ローンの借り換えをする場合、返済期間は現在の残期間以上に設定することは要件が厳しく、困難です。つまり、繰上げ返済で返済期間を短縮していると、その短い期間で残金を返済しなければいけないわけです。これでは月々の返済額はほとんど減らすことができませんし、場合によっては年収が足りず、ローンを組むこと自体ができなくなってしまうこともあります。また、収入が減ると、急な出費に対応することが難しくなります。特に医療費や学費など、どうしても支払わなければならないお金がある場合、現金が手元にないとどうにもなりません。もちろん教育ローンなど別の借入れ商品もありますが、このような借入れは住宅ローンより金利も高く、返済期間も短くなりますから、負担が増大することは確実です。

　このように、ムリをして繰上げ返済をすると、どこかでひずみが出てくる可能性があるということはぜひ知っておいてください。

3 どうしても返済できないときはまず何をする

ムリな返済は事態を悪化させる

● どのような理由で返済できなくなるのか

　いくら長い期間をかけて少しずつ返済するといっても、月々の住宅ローンの返済額は家計の中で相当な割合を占めます。一般的には収入の3分の1以下に抑えると余裕を持って返済できるといわれますが、生活をしていれば何かとお金は出ていきます。固定資産税や車検代など、出費の時期がわかっているものであれば、ある程度計画的に積み立てることもできますが、病気や事故といった突発的なことはどのくらいの費用がかかるか予測がつきませんし、学費などの教育費はうなぎのぼりで、塾や習い事などにお金をかけようと思えばいくらでもかけることができます。できればレジャーも楽しみたいし、新しい家電製品や家具、服も買いたいとなると、割合的には問題がなくても、住宅ローンの返済は重い負担となります。

　とはいえ、住宅ローンはマイホームを手に入れるために必要な出費ですから、多くの家庭が最優先に支払いを行っているでしょう。その分、食費や衣料費、遊興費といった別の部分を削る努力をしているはずです。ところが、そのような努力ではまかなえないような事情で、どうしても返済ができなくなってしまう家庭も残念ながらあります。その最たる要因として、「収入の減少」「支出の増大」と「返済額の高騰」が考えられます。収入の減少や支出の増大の原因としては、次のようなことが挙げられます。

① 契約者本人の失業

　契約者本人が病気や事故、リストラ、会社の倒産などで急に失業してしまうと、たちまち返済に困ります。貯蓄があったり、失業等給付

を受け取れるのであれば何とかなりますが、それがなければどうしても返済が困難になります。

② ともに返済していた家族の失業

病気やリストラなどの突発的な事情でなくても、出産などの事情で妻が退職するといったことはよくあります。最初は出産後に新しい仕事を探すつもりでも、子どもが生まれてみるとなかなか都合のよい仕事が見つからないといったこともあるようです。

③ 家族の病気や事故による医療費の増大や介護負担

同居の家族が病気になったり、事故にあった場合はもちろん、離れた場所に住んでいた両親の介護が必要な状態になったというようなことが起こると、莫大な医療費がかかったり、介護の人手が必要になって働けず、家計が維持できなくなる危険があります。

● 払えないときの対策は

住宅ローンの返済が滞り始めた時には、適切に対処していくことが重要になります。対処方法は、返済能力が残っている場合と、返済自体が困難な場合とに分けて考えていく必要があります。間違っても、その場しのぎで、消費者金融やクレジット会社から借入れをしてはいけません。結果的に多重債務に陥り、事態を悪化させることになりかねないからです。では、具体的な方法について見ていきましょう。

■ 返済が困難になったとき

第1章 不動産を保有する人の債務整理と任意売却

① 返済能力が残っている場合

　まず返済能力が残っている場合は、借入先である金融機関に正直に現状を伝え、返済期間や返済額の変更を相談してみるとよいでしょう。いわゆるリスケジュール（以下「リスケ」といいます）と呼ばれる手続きです。リスケが認められると、返済期間を延長して月々の返済額を減らしてもらったり、一時的に利息だけの返済にするなどして元金の返済を猶予してもらうことができます。もっとも、すべての状況で金融機関がリスケに応じてくれるというわけではありませんが、失業状態が一時的だったり、ローン期間がそれほど残っていない場合などには、許可してもらえる可能性があります。

　次に、住宅ローン以外にも借入れがあり、他の借入れについて整理をすれば、住宅ローンの支払いが可能となる場合には、住宅ローンを除外して任意整理を行うか、もしくは住宅資金特別条項を利用した個人民事再生を行うことで、自宅を手放すことなく、生活の再建を図ることができます。弁護士や司法書士などの専門家に相談してみるとよいでしょう。

② 返済が困難な場合

　どうしても住宅ローンの返済のメドがたたない場合は、残念ながら自宅を売却するのが現実的な方法です。通常、住宅ローンの滞納が続けば、金融機関の管理となり、競売の手続きが開始されることになります。ただ、この競売での落札価格は相場の50％〜70％程度で、競売されても住宅ローンの残債務が多く残ってしまう危険性があります。そこで、金融機関の同意を得て、任意売却をする方法が考えられます。任意売却であっても、ローン残高が売却価格を上回る場合には、借金が残り、これを返済する必要があります。しかし、競売に比べて任意売却では市場価格に近い価格で売れる可能性があることから、返済額は少なくなります。なお、売却後の残債務を返済することができないときは、債務整理を検討することになります。

事業者が倒産すると不動産などの保有財産はどうなるのか

倒産にも私的な手続きと法的な手続きがある

● 廃業・倒産することもある

　個人事業や会社経営をしている人が、事業や経営に失敗して巨額の借金を抱えてしまったような場合、事業を終わらせることも考えなければなりません。経営が成り立たなくなることを倒産ともいいます。倒産とは、ここでは、「個人や企業が経済的に破たんして債務の支払いが困難になった状態」という程度に緩やかに理解しておきましょう。

　倒産状態にある場合に、事業を止める方法として、大きく「廃業」と「(法的清算方法としての) 倒産」という2つの方法があります。

　まず「廃業」とは、経営者自身の判断で事業を止めることを指します。そのため、自主清算とも呼ばれています。経営者が、事業の経営が傾いてきたため、事業をたたもうと考えた場合に、自分の意思で実行に移すことができることが特徴です。

　しかし、本来事業を廃止することは、取引先や身内である従業員に対して、多大な迷惑がかかることになります。そのため、借入れがない場合や、仮に借入れなどがあっても、それを自力で返済できる規模・状態である場合など、関係者に迷惑がかからないときに「廃業」を選択することが許されると考えられています。

　これに対して、「(法的清算方法としての) 倒産」とは、破産手続きをはじめ裁判所による法的手続きが必要な事業の廃止方法のことで、具体的には破産手続き、民事再生手続き、会社更生手続き、特別清算手続きを指します。倒産の場合は、廃業とは異なり、既に経済的に破たんしているため、債務の支払いができない状態にあることが特徴です。また、倒産したとしても、必ずしも会社を解散する必要はなく、民事再

生手続きや会社更生手続きにより会社を維持しながら、再建を図るという選択肢が残されていることも、廃業との大きな違いとなります。

なお、破産手続上は、弁済期にある債務を一般的継続的に弁済できない状態のことを支払不能、債務者が自分の財産を売り払っても債務を弁済しきれない状態のことを債務超過といいます。債務者が支払不能や債務超過に陥っていることは、破産手続きを開始する原因になると位置付けられています。

● 日常生活に支障はない

会社の経営が行き詰まり、破産をしなければならなくなった時、代表者として会社の債務について保証している場合、財産をすべて失うことになるのでしょうか。会社が倒産したとしても、代表者個人は会社の負債について法的責任を負わないのが原則です。しかし、代表者が会社の債務の保証人や連帯保証人、連帯債務者となっている場合には、代表者個人にも支払義務が生ずることになります。したがって支払いができない場合には、代表者個人の財産も差押えの対象となりますので、何かしらの影響を受けることは確かです。

ただ、個人財産のすべてが差押えの対象となるわけではなく、衣服や寝具、冷蔵庫や29インチ以下のテレビ、エアコン、洗濯機、電子レンジ、ベッドなどは概ね生活必需品として差押えが禁止されています。また、実印など職業や生活に欠くことができないもの、仏像、位牌なども処分されることはありません。さらに、代表者が年金を受給している場合は、年金も差押禁止財産とされていることから、処分対象から外されるのが原則です。ただ、年金がひとたび口座に振り込まれると、受給者の一般財産となることから差押えが可能となります。そこで、差押えが考えられる場合には、債権者に知られている口座とは別の金融機関の口座を開設し、年金の振込口座として利用するなどの措置を講ずることが必要です。

● 自宅はどうなるのか

　銀行の担当者から「会社が破産することになると、ご自宅の抵当権を実行しますよ」と言われ、覚悟がつかないという方もいるでしょう。

　代表者の自宅は、たいていが会社の債務の担保になっています。会社が倒産したり、事業主が破産すれば、自宅につけられている抵当権が実行され、いずれは売却されてお金に換えられます。しかし、最終的に自宅が売却・換価されるまでには、1年位はかかります。少なくともその間は自宅に住み続けることができます。なお、自宅が売却・換価されることを競売といいます。具体的には、債権者が裁判所に申し立て、不動産などの物件を強制的に売却してもらうことを意味します。

　売却・換価手続きが完了すれば、自宅を手放すことになりますが、どうしても自宅を手放したくない場合、自宅に会社の債務や保証債務についての担保権が設定されておらず、かつ代表者個人の住宅ローンについての担保権のみが設定されている場合には、住宅ローン特別条項の適用要件を満たすことになりますので、会社の破産とは別に代表者個人が個人民事再生の手続きを申し立てれば、自宅を守ることは可能です。

■ 倒産手続きと廃業

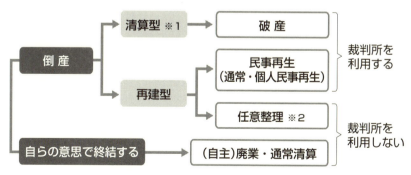

※1 清算型の手続きとして破産の他に株式会社を対象とする特別清算がある
※2 清算型の任意整理もあるが実務上あまり行われていない

● 任意売却という方法もある

　個人民事再生の要件を満たさず、不動産を手放さざるを得ない状況に陥った場合、債務者としては少しでも高く不動産を売却する策を検討することになります。競売にかけられてしまうと安く買いたたかれてしまうケースが多いため、一定の価格で買い取ってくれる第三者へ売却するのが理想です。いわゆる任意売却という手法です。

　ただし、競売の場合、債権者の申立てがあっても、落札されるまでの間、所有者は基本的に物件を使用することができますが、任意売却の場合は、その時点で物件を使用することができなくなります。そのため、特に保証人が物件所有者の場合、同意を得るために粘り強く交渉していくことが求められます。もっとも、会社の財産について社長が物上保証人として自身の所有する不動産に担保権を設定しているというようなケースでは、社長は会社と無関係の第三者というわけではありませんから、同意を得るという交渉が大きな問題にはなりません。

● 倒産すると家族も支払義務を負うのか

　借金の支払義務は原則として本人が負うものであり、婚姻・親族関係と借金とは直接つながりはありません（次ページ図）。保証人や連帯保証人になっていなければ、配偶者の借金を支払う義務はありませんし、逆に、保証人になっていれば、婚姻・親族関係があろうとなかろうと支払義務はあります。配偶者に借金の保証人になってもらっていた場合、「離婚すれば支払義務を免れる」ことにはならないのです。

　会社・事業主が倒産した場合の経営者の家族の財産についても、家族関係と借金の支払義務とは直接の関係はないため、同じ家にいるからといって妻や子の財産を会社の債務の支払いのために提供しなければならないというものでもありません。

● 経営者個人の財産はどうなる

　事業者は、たいていの場合、会社の債務について連帯保証人になっています。法律上、保証には普通の保証と連帯保証がありますが、実際に行われている保証は、ほとんどすべて連帯保証です。連帯保証の場合、連帯保証人は実際に借金をした人（主たる債務者）と同じ立場で債権者からの請求に応じなければなりません。会社の債務について代表者が連帯保証や自宅不動産に抵当権などの担保権の設定をしている場合には、財産の差押えや抵当権の実行を受け、個人の財産といえども失ってしまうことになるでしょう。

　会社が破産手続を利用したとしても会社と代表者個人は別人格ですから、会社が破産しても代表者個人は免責されません。代表者が会社の債務について連帯保証しており、代表者個人も保証債務の履行ができないようなケースでは、別途代表者個人としての破産等を検討することになります。

■ 支払義務の有無が問題となる場合

本　人	原則として支払義務がある。ただ、債務が時効にかかっている場合には、支払義務を免れる場合あり
（連帯）保証人	原則として支払義務がある。ただ、主債務もしくは保証債務が時効にかかっている場合には、支払義務を免れる場合あり
配偶者	原則として支払義務なし。ただ、保証や相続した場合（相続放棄は別）は支払義務あり
親・兄弟	原則として支払義務なし。ただ、保証や相続した場合（相続放棄は別）は支払義務あり
子　供	原則として支払義務なし。ただ、保証や相続した場合（相続放棄は別）は支払義務あり。未成年者が親の同意を得ないでした借金は取り消せる
相続人	原則として支払義務がある。可分債務である金銭債務は相続開始により当然に分割される

Q 法人と個人では事業を終わらせるときの手続きがどのように違うのでしょうか。

会社や事業を終わらせると言っても、会社と個人とでは終わらせ方が違います。

会社は、法律によって法人格が与えられます。会社自体が権利や義務の主体となれるわけです。一方、事業を営んでいても、個人事業は、事業そのものに法律的に権利や義務が与えられるわけではありません。この大きな違いが会社や事業を終わらせる場合に大きく影響します。

ここでいう会社とは、会社法上の法人、つまり、株式会社、合同会社、合名会社、合資会社を指します。これらの会社を終わらせる場合、設立時と同じように各種の手続きをしなければなりません。端的に言えば、「会社を解散させる」という解散の手続きが必要になります。会社法には、会社が解散する原因が7つ規定されており、その1つに解散の決議があります。要するに「この会社を解散する」と株主総会で提案し、議決されれば（合同会社などの持分会社の場合は総社員の同意により）会社は解散することになります。他に、会社について破産手続開始の決定がなされた場合も会社の解散原因となります。解散は、会社の法人格を消滅させるきっかけですが、あくまで「きっかけ」なので、解散すれば直ちに会社が消滅するわけではありません。会社を消滅させるには、解散後に清算という手続きを経る必要があります。ただし、破産の場合は、裁判所が選任した破産管財人が破産手続きの処理を行うため、会社法の規定による清算手続きは原則として行われません。

一方、個人事業の場合は、そのような手続きは必要ありません。事業主が終わらせようと思えば、それで終わりになります。

税務についての処理も違います。会社の場合は法人税法に基づいて、個人事業の場合は所得税法に基づいて処理が行われます。つまり、税率、課税の範囲などが違ってきます。

Q 廃業できるかどうかはどこで決まるのでしょうか。

A 事実上の廃業とは、会社を清算するのに事業を止めるだけですんでしまうような場合のことを指します。事実上の廃業は、経営者にとってタイミングさえ見極めれば、自由に時間をかけて事業の停止に関する判断を行うことが許された手段であるということができます。具体的には個人事業主に近い小さな規模の会社や、無借金の会社で活用することができます。事実上の廃業をするためには、借入金（負債または債務とも呼ばれる）よりも会社が持っている資産の方が多い状態で事実上の廃業の判断が行われるのが通常であり、現段階では資産の方が多くても、このまま経営を継続すると、今後は会社の経営が苦しくなることが予想される場合など、即座に返済のメドが立たない債務に追い立てられるような状況にはなっていないことが前提です。したがって、事実上の廃業が可能な場合としては、経営者以外の利害関係人が少ないことが絶対条件です。

また、事実上の廃業ができるかどうかの基準として、会社にどの程度のお金があるか、廃業後に借入金が残る場合は、月々どの程度の返済ができるかということも重要になります。多額の借金が残っている状態では、事業を止めるだけで廃業するというのは難しいのが現実です。この場合には弁護士などの手助けを借りて、破産手続きなどの借金整理を進めて行くことになります。

これに対して、そもそも会社の清算方法として廃業を選択することが適切ではない場合もあります。たとえば、規模が比較的大きい会社や、既に経営が破たんしている会社の場合には、倒産手続きを選択することになります。明らかに借入額が多いときに、債権者側から破産などの倒産手続きを申し立てて、借入金の返済を確保しようとする場合もあります。

競売や任意売却はどのように利用したらよいのか

どちらにもメリット・デメリットがある

● 借金・ローンの支払いが滞ったときはどうなるのか

　借金や住宅ローン、事業者が金融機関から借り入れた資金は、返済していかなければなりません。借入額が多額の場合、通常、一括で返済するのではなく、「3年払い」「60回払い」のように分割して返済期日ごとに返済していくことになります。

　順調に返済できず、支払滞納が続いた場合、貸金業者や銀行から督促状が送付されてきます。この場合、債権者と協議の上、債権額の再計算や任意整理といった方法で債務を整理し、返済計画を見直します。最終的に返済不可能ということになると、自己破産や事業の廃業・倒産に至ることになりますが、破産手続きにおいて、あるいは破産手続きより前に保有している不動産の処理を検討しなければなりません。あらかじめ担保権が設定されているケースでは競売が実施されることになりますが、債務者としてはより高い価格で売却するため任意売却の手法を知っておく必要があります。

● 競売・任意売却とは

　借入額が多額の場合、金融機関（または保証会社）は必ず債務者の自宅や土地に抵当権（101ページ）を設定します。住宅ローンが典型例ですが、月々の返済が滞ると、債権者は、債権の回収をするために債務者の自宅に設定された抵当権（担保権）を実行します。抵当権を実行することを競売といいます。競売がなされると、自宅は裁判所の手続きによって売却されてしまいます。つまり、競売とは、裁判所の手続きにより、自宅を売却・換価することをいいます。

あらかじめ抵当権を設定していないケースであっても、債務者が不動産を保有していれば、債権者は不動産に対して強制執行手続きを申し立ててくるでしょう。競売の手続きの流れは99ページを参照してください。ただし、強制執行手続きの申立てがなされても、入札前であれば、債務者は銀行や保証会社に任意売却の提案をすることができます。任意売却とは、裁判所の手続きによらないで、自宅を売却することをいいます。売却方法は通常の不動産売買と変わりありません。つまり、自宅を買ってくれる買受人を見つけて、その買受人に自宅を売却することになります。
　ところで、債務が膨れ上がり、自宅を売らなければ返済ができなく

■ 競売と任意売却 ……………………………………………………

競売の メリット	・手続きはすべて債権者が行うので、債務者は何もする必要がない ・競売手続きは通常半年〜1年ほどはかかり、その間は自宅に住み続けることができる。場合によっては、競売手続きに2〜3年以上かかることもある。また、競売で買受人が現れなければ、ずっと住み続けられる可能性もある
競売の デメリット	・市場価格よりかなり低い金額で売却される可能性がある ・競売後の残債務については、債権者は厳格に対応することが多い（残債務を支払えなければ、破産などを考えるしかない） ・近隣の住民、その他第三者に競売を知られてしまう可能性がある ・裁判所で競売情報を閲覧した不動産業者や不動産ブローカーなどが大勢自宅にやってくる可能性がある
任意売却の メリット	・市場価格に近い金額で売却できる可能性が高い ・一般の売却と変わらない方法なので、近所の人々には、住宅ローンが支払えなくなったから売却するということはわからない ・売却後の残債務については、債権者に柔軟に対応してもらえることも少なくない ・売却代金から引越代を出してもらえることがある
任意売却の デメリット	・競売と比較して、短期間に自宅を退去しなければならないことが多い ・契約などの手続きに関与しなければならない ・先に手数料などを払わせ、任意売却がうまくいかなくても返金しない悪徳業者に引っかかることがある

第1章　不動産を保有する人の債務整理と任意売却

なった場合、競売を利用するのがよいか、任意売却を利用するのがよいかは迷うところです。両者にはそれぞれメリット・デメリットがあるため（前ページ図表参照）、売却後に残った債務の整理方法を踏まえて、いづれを選択すべきかを検討していくとよいでしょう。

● 競売期間中に生活を立て直すことができる

　競売は、裁判所を通した手続きなので、厳格さが求められます。そのため、調査などに時間がかかります。また、申立費用や登記手続の費用もかかります。ただ、時間と費用がかかることは、債権者にとってのマイナス要因であり、債務者にとっては関係がないか、またはメリットといえます。競売費用は債権者が支払いますし、時間がかかればかかるほど、自宅に長く住むことができます。その間、ローンを支払うこともありません。そのため、それまでローンとして支払っていた費用を、生活の建て直しのために使うことができます。競売は落札まで1年ほどかかるので、かなりの資金を貯めることができます。

　ただ、「長く住めるから競売の方が有利」とする考え方は、自己破産を前提とした場合にのみ妥当することを忘れてはなりません。競売が長引けば、それだけ多く遅延損害金を支払わなければならなくなります。遅延損害金とは簡単に言えば延滞料のようなもので、住宅ローンを延滞すれば、延滞日数分の損害金を支払わなければなりません。

　また、競売では、任意売却に比べて、市場価格よりもかなり低い金額で売却されるため、債務が残る場合には、返済負担が大きくなるというデメリットがあります。さらに競売で買受人が現れない場合には、特別売却という方法で再度競売にかけられることになります。特別売却では、一番先に買受を申し出た人に買受の権利が与えられることから、通常の競売手続きよりも低い金額で落札される可能性があります。そのため、残債務の整理方法として自己破産以外を検討している場合には、任意売却の方がより多くのメリットがあるといえるでしょう。

Q 親に借金があるので相続放棄をしたいのですが、先に不動産を売却してもよいのでしょうか。また、不動産に住み続けることも可能でしょうか。

A 相続放棄とは相続人としての地位から離脱することであり、被相続人（亡くなられた方）に属する権利義務の一切の承継を拒絶する意思表示をいいます。そのため、被相続人の財産の一部でも処分した場合は、相続を承認したものとみなされ、以後、相続放棄をすることができなくなりますので注意が必要です。本件でも、不動産を売却する行為は、相続財産の処分行為に当たることから相続を承認したことになり、その後、相続放棄をすることは許されません。この処分行為には、不動産の売却だけでなく、家屋の取り壊しや、預金の解約なども含まれますので、被相続人の財産を処分する際には、事前に専門家に相談するようにしましょう。

　では、相続を放棄した後、被相続人名義の不動産に住み続けることはできるのでしょうか。前述したように、相続放棄とは被相続人の借金等の負債だけでなく不動産等の財産もすべて放棄することを意味します。また相続人全員が相続放棄をすれば、当該不動産に抵当権等の担保権が設定されていれば競売されたり、もしくは相続財産管理人において任意売却の手続きが進められることになります。そのため新たに買受人が出現すれば、その者が当該不動産の所有者となりますので、明け渡さなければなりません。もちろん、相続放棄をしても、買受人となることはできますが、確実に買い戻せるとの保証はありません。そこで、どうしても住み続けたいのであれば、相続放棄ではなく限定承認という方法を選択することが考えられます。限定承認では、相続財産の範囲で、被相続人の債務を弁済すれば足り、また家庭裁判所が選任した鑑定人による評価額を支払うことで、被相続人名義の不動産を取得することもできますので、住み続けることが可能になります。

Q 任意売却によって債務が減れば認定司法書士に債務整理を依頼することも可能なのでしょうか。弁護士ではなく認定司法書士に債務整理を依頼するメリットについて教えてください。

A 法務大臣の認定を受けた司法書士は認定司法書士と呼ばれ、簡易裁判所において取り扱うことができる民事事件等について代理権が付与されています。ただし、その代理権は法律で定められた範囲・分野に限定され、任意整理業務では140万円を超える事案については代理人にはなれず、相談・交渉・和解する権限は認められていません。ここにいう「140万円」ですが、かつては総額説（依頼者１名あたりの債務の総額が140万円を超えるか否かで判断する）と個別説（債権者個々の債権額が140万円を超えるか否かで判断する）という２つの考え方の間で争いがありました。しかし、現在では個別説を認めた最高裁判例により、債権者個々の債権額が140万円を超えなければ、認定司法書士に代理権が認められています。したがって、任意売却により債務額が140万円以下にまで減額できれば、認定司法書士は代理人として債権者と交渉・和解することができます。

　一般的に「司法書士報酬の方が弁護士報酬よりも安い」との認識から、費用面での負担を軽減できることが認定司法書士に依頼することのメリットのひとつと考えられえています。確かに総体的に見れば司法書士報酬の方が安いといえますが、一概にそう言い切れるものでもありません。また、債務整理は経験や知識に偏差がでる分野であり、専門家個々の交渉力によって債務額や支払回数等に差がでます。さらに、債務整理は生活再建を図ることを主眼としていることから、専門家との付き合いも比較的長期化します。したがって、報酬面だけでなく、債務整理を得意としているか、そして何より信頼に値する専門家かどうかを判断基準として依頼されることをお勧めします。

第2章
任意売却のしくみ

任意売却について知っておこう

任意売却は競売よりも高額かつスピーディに売却できる可能性が高い

● なぜ任意売却が利用されるのか

　土地や建物などの不動産を担保に銀行から一度まとまったお金を借りる場合、通常、その金額に応じた抵当権（101ページ）を設定します。一方、必要な資金を設定した額の範囲内で繰り返し借りたい、という場合には根抵当権（103ページ）を設定します。

　こうして土地や建物を担保にお金を借りた人が、その返済を続けられなくなった場合、お金を貸した銀行などの債権者は、担保にとった土地や建物を処分して債権を回収することになります。土地や建物の処分というと、まずは法律に基づいて行う競売（28ページ）が思い浮かぶかもしれません。しかし、競売は後述するように手続きに時間がかかる上に回収額が低くなることが多いため、実際には、民事執行法に基づく不動産競売手続きによらずに処分することが多いようです。

　競売によらずに不動産を処分することができれば、面倒な手続きを経ることなく不動産の売却によって得た代金を債権の回収にあてることができます。このような方法を任意売却と言い、債権者にとっては非常に便利な方法であるため、実務上よく利用されています。

　たとえば、債務者が債権者のために、1500万円の建物に抵当権を設定して、1000万円を借り受けたとします。このときに、債務者が借金を返すことができなくなって、債権者が競売の申立てを行っても、1500万円の建物は、競売市場では3割以上減少した1000万円弱の価額でしか売り出されません。しかも、売れるかどうかわからない上に、手続きも煩雑で時間がかかるとなると、債権者としてはすぐにでも売り飛ばして換金したいと思うはずです。買受人にしても、面倒で

時間がかかる競売手続きを省略して、物件を手に入れることができれば願ったりです。
　そこで、買受人が債権者と直接交渉して、競売不動産の売買契約を成立させて買い受けてしまおうというのが任意売却による購入方法です。前述した例でいえば、買受人が1000万円を債権者に払えば、お互いに損はないだろうということになります。

◎まずは任意売却を検討するのが通常

　競売によって債権の回収を図ろうとする場合、法律に従った手続きを経なければなりません。競売の申立てを行ってから落札するまでに要する期間も長く、最低でも6か月程度、長い場合には2、3年経過してしまうこともあります。

■ 競売のデメリット

競売費用の負担
- 登録免許税（申立時）
- 予納金
- 切手代
- 印紙代

【任意売却】
裁判所を介さないので、これらの費用の負担なし。ただし、抵当権抹消料や仲介手数料などは債権者が負担することになる。

時間と労力の負担
- 申立てから半年近くかかる
- 物件の調査

【任意売却】
各債権者との利害調整と買受人探しに時間がかかることもある（担保権者しだいで短縮可）

価額に対する不満
- 買受人が現れないときは3回まで申し立てられる
- 回数が増えるごとに値が下がる（7割減）

【任意売却】
7割減になることは少ない

また、競売の申立てを行う時に、登録免許税（登記をする際に納める税金）や予納金（競売を申し立てる時に債権者が裁判所に納める費用）などを準備しなければなりません。
　このように手間や時間、費用がかかるだけでなく、競売における不動産の売却基準価額も市場の評価額から比べると6、7割程度と低くなってしまうのが通常です。売却基準価額はその不動産につけられた評価をもとに定められた価格のことですが、実際にはこれを下回る額で売却されることもあります。
　一方、任意売却には、競売のように複雑な手続きはありません。利害関係人同士の調整をスムーズに行うことができれば、手早く売却を行うことも可能です。売却基準価額が定められているわけでもありませんから、その不動産を欲しいと思う買受人が現れれば、適切な金額で売却される可能性も高くなります。
　こうした事情から、なるべく多くの債権を短期間で回収したい債権者としては、競売ではなく任意売却によって債権を回収できないかについて検討することになります。

● 抵当不動産の任意売却のしくみ

　一般的に抵当権が設定された不動産を抵当不動産といいます。この抵当不動産を任意売却する場合、実際にはその不動産を所有している人が買受人を探して売却することになります。
　通常、買受人は、購入する不動産に設定されている抵当権の解除を求めます。そこで、銀行などの抵当権者は、その不動産の売却によって得られた代金によって抵当債権（抵当権が担保している債権のこと）を回収するのと引き替えに、抵当権を解除し、登記の抹消に協力することになります。手続きについては、抵当権者と買受人の目的を達成するために、任意売却の取引を行う日に売却代金の支払と抵当権の解除・抹消手続きを同時に行います。

● どんな場合に任意売却が行われるのか

　任意売却が行われるのは、競売によって、低い額で落札されるのを避けるためであったり、不動産が競売にかけられるという事実を世間に公にしたくないと思っている所有者の意向による場合があります。

　競売にかけられた不動産が低い額でしか落札されなかった場合、債権者にとってみれば、債権を回収できない可能性が高まります。一方、自宅や工場などに抵当権を設定している債務者にしてみれば、大事な不動産を時価よりも低い価格で手放さなければならないだけでなく、処分してもなお債務が残ってしまう可能性も高くなります。また、競売がなされれば、チラシやインターネットなどに競売物件として掲載される可能性があり、近隣住民に知られ、大きなストレスを抱えることにもなります。この点、任意売却は、通常の売却と異なりませんので、近隣住民に住宅ローンの破たんを知られることはありません。

　このように、債権者・債務者双方が自分にとってメリットのある方法を考えた場合に、多くは競売よりも任意売却を選ぶことになります。

● 事前調整が大切になる

　任意売却は、競売に比して素早く、時価に近い価額で売却できるというメリットがあります。ただし、任意売却を行うには債務者である所有者の売却意思だけでなく、抵当権者など対象不動産に担保権を有する債権者、および賃借人などから了承を得る必要があります。また、任意売却後に債務が残る場合には、その支払義務は保証人にも残ることから、保証人の同意も必要です。

　そのため、任意売却を行う場合には、その不動産の状況と、それをとりまく人々の状況を事前に調査する必要があります。そして、そこから把握した情報をもとに、関係者が納得できる方法をとりながら、手続きを進めていくことができれば、任意売却を成功させることができる確率は高くなります。

任意売却の手続きについて知っておこう

事前準備を念入りに行い取引当日は素早く手続きを行うのがポイント

● 利害関係人の合意が必要

　任意売却は、強制的に行われる競売とは異なって、所有者が売却の意思をもっていることが前提になります。任意売却の対象となる不動産には複数の抵当権が設定されていたり、他の権利が関係している場合があります。また、不動産の所有者とは別に賃借人などの占有者がいる場合もあります。あるいは、対象となる不動産が債務者個人の名義ではなく、他の所有者との共有名義になっている場合もあります。

　任意売却を行う場合には、対象不動産を中心として利害関係を有する多数の人が存在しているケースがほとんどです。このような対象不動産の売却によって影響を受ける人を利害関係人といいます。

　任意売却を成功に導くには、すべての利害関係人の合意を得る必要があります。合意を得ると一言で言っても、ただ任意売却を行うことについてだけ合意を得られればよい、というものではありません。

　まず、利害関係人が債権者の場合、いくらで売却するのか、売却代金からいくら配分されるのか、いつまでにもらえるのか、といった、自身の債権回収に関連する内容について検討の上、合意することになります。

　次に、不動産の占有者の場合には、そのまま占有を続けてよいのか、それとも立ち退かなければならないのか、立ち退いた場合には、立退料をもらえるのか、立退料をもらえるとすれば、いくらもらえるのか、そしていつまでに立ち退かなければならないのか、といった条件について合意できるかどうかを判断することになります。

　最後に、共有不動産の場合は、共有者全員の同意を得る必要があり

ます。たとえば、対象不動産が夫婦共有名義で、その後離婚が成立した場合において、共有者である元配偶者と連絡が取れない、あるいは売却に応じないといったケースを散見します。これでは売却手続きを進めることが困難となることから、離婚前に不動産の処分についても十分に話し合いをしておく必要があります。

どんな手続きをするのか

　任意売却を行う場合のスケジュールは、大きく分けて、①利害関係人の事前の合意に向けた準備に関する手続き、②買受人を探し出して取引を行うまでの手続き、③取引当日の手続き、に分けて考えると理解しやすいでしょう。

① 利害関係人の事前の合意に向けた準備に関する手続き

　①の段取りが必要になるのは、任意売却を行うためにはすべての利害関係人の同意が必要だからです。そして、この同意を得るためには、さまざまな条件をリストアップした上で、一人ひとり、個別に確認をとっていかなければなりません。

　この事前準備をきちんと終えておけば、手続きの半分以上は終えたと言っても過言ではないでしょう。事前の準備段階においては、債権

■ 任意売却手続きの流れ

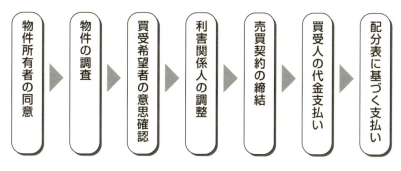

者・債務者・所有者の実態調査と、抵当不動産の現況調査を行います。これによって抵当不動産を取り巻く環境を把握することができます。

　次に、抵当不動産の調査時点での資産価値について査定を行い、売却による回収見込額を見積もります。以上の資料をもとにして、いよいよ各利害関係人の意向を確認して、売却までの期間、予定している価格、代金の配分方法について同意をとりつけます。すべての利害関係人の同意を得られたら、②の段階に進みます。

② 　買受人を探し出して取引を行うまでの手続き

　まずは、①で合意に至った条件で買い受けてくれる買受希望者を探します。買受人が見つからない場合や条件面で折り合いがつかない場合には、売却価格の見直しを行います。売却価格を見直した場合には、それに応じて配分の調整を行い、利害関係人にその旨を伝えて同意を得るようにします。

　買受人が決まり、売却に関する条件が整ったら、最終的な合意をまとめた上で、取引の日時・場所・当日の段取りを決め、③の当日の手続きに臨みます。

③ 　取引当日の手続き

　買受希望者の意思確認、利害関係人の調整が終わったら、買受希望者との間で売買契約書にサインします。③の取引当日の手続きは、対象不動産の売却・抵当権解除（設定されている抵当権を抹消すること）・登記抹消手続きと売却代金の受取・配分を同時に行います。

　③の手続き自体は1日で終わらせることになりますが、行う内容は多いので、利害関係人が多い場合には、事前に必要書類を確実にそろえておく必要があります。当日は手際よく取引を進めるためにも司法書士に立ち会ってもらうとよいでしょう。

　契約書にサインをして、契約に基づいて買受人が債権者に代金を支払い、続いて、利害関係人らに配分表に基づいた支払いをすることになります。

任意売却をするためにはどんな要件が必要なのか

所有者が売却する意思を有し利害関係人が同意していることが前提

● 所有者の売却意思と利害関係人の同意が必要

　任意売却は、抵当権が設定されている不動産（抵当不動産）を処分する権限を持つ人の売却意思がなければ実現することはできません。抵当不動産を処分する権限を持っているのは、通常は抵当不動産の所有者ですが、所有者が破産手続きを進めているような状況の場合には、破産管財人が権限を持っています。

　したがって、破産管財人が選任されているケースでは、管財人の協力を得る必要があります。

　また、抵当不動産を処分する権限を持つ人の売却意思や協力を得ることができたとしても、そもそも買受希望者がいなければ、任意売却を行うことはできません。したがって、不動産の買受人や買受希望者がいること、買受希望者を見つけるあてがあることも任意売却を行う前提条件だといえるでしょう。

　さらに、任意売却を行った場合に影響を受ける利害関係人の協力を得ることも必要です。利害関係人とは、任意売却を行う抵当不動産についての権利関係を有している人や占有者などです。たとえばその不動産に質権や抵当権が設定されている場合にはその権利者、不動産に仮差押などがなされている場合には仮差押を行った人などが含まれます。なお、占有者とは、たとえばその抵当不動産が賃貸に出されているような場合に実際にその抵当不動産に入居している人などをいいます。

　売却する価格も重要です。予定している売却価格が妥当な金額な場合には、利害関係人の同意や協力を得やすくなります。

● 協力が得られない場合や同意が得られない、買受人がいない場合

　任意売却をスムーズに行うためには、利害関係人の協力や同意が必要になります。また、そもそも買受人がいなければ、売却自体が成立しません。

　そのため、任意売却に同意しない人がいる場合には、その人が同意しない理由を探って可能な限りの対応をする必要があります。

　たとえば、抵当不動産の所有者や占有者など、実際に建物に住んでいる人が引っ越すのを渋っているような場合には、立退料を支払って同意を促すといった方法をとることになります。

　買受希望者が既に見つかり、売却価格などの条件について、ある程度見通しが立っている場合には、任意売却を行った方が競売よりも金額面などでメリットがあることを伝えるだけでなく、既に買受人候補がいることも伝えると、より説得しやすくなります。

■ 任意売却の条件

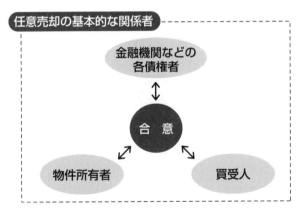

任意売却のメリットについて知っておこう

債務者・抵当権者・買受人それぞれにメリットがある

● それぞれの立場から見たメリット

まず、債務者としては、任意売却による代金の方が競売よりも高額である可能性が高いため、より多くの債務を弁済することができる、というメリットがあります。ただし、その不動産を債務者自身が所有していて実際に住んでいるような場合、生活の場を失う可能性もあるため、所有者にとってむしろ大きいのは、競売と異なり対外的に公にせずに手続きを進めていくことができる点にあるといえるでしょう。

一方、抵当権者ですが、抵当権者としてはなるべく手間をかけずに多くの債権を回収できることを望んでいるのが通常です。したがって、利害関係人間の調整をスムーズに済ませることができる場合には、競売より早く、高額で売却できる任意売却の方が、抵当権者が得られるメリットはより大きいといえます。

また、買受人にとっては、競売とは異なり、迅速かつ確実に不動産を買い受けることができる、というメリットがあります。たとえば、対象不動産が建物の場合で、その建物に賃借人がいる場合、競売では建物賃借人に買受人の買受後6か月の明渡猶予期間が認められているため、代金納付後すぐに明渡しを求めることができない可能性があります。これに対し、任意売却では、明渡時期などについて事前に建物賃借人にも同意が得られていることから、明渡しがスムーズになされ、すぐにでも居住することができるというわけです。

● どんな効果があるのか

抵当不動産を競売ではなく任意売却によって処分した場合、一般的

に、より市場価格に近い金額で売却されることが多いため、抵当権者が回収できる金額も競売よりも大きくなるのが通常です。

特に、抵当権者が1人ではなく、複数人いた場合、先順位抵当権者はともかく、後順位の抵当権者にとっては、回収額に大きな違いが出る可能性があります。たとえば、時価5000万円の不動産について、4000万円の第1抵当権と1000万円の第2抵当権が設定されていたとします。この不動産を5000万円で任意売却することができた場合、第1抵当権者、第2抵当権者ともに債権を全額回収できることになります。

一方、同じ不動産を競売にかけ、3000万円で落札された場合には、第1抵当権者は3000万円しか回収できず、残りの1000万円は未回収となります。さらに、第2抵当権者に至っては、1円も回収することが出来ない結果となってしまいます。

このように、債権者が複数いる場合には、任意売却によって時価に近い価格で売却することができれば、競売によって時価の6～7割程度で落札された場合に比べると、債権回収という側面から見て、大きな効果があるといえます。

■ 売却価格と債権回収

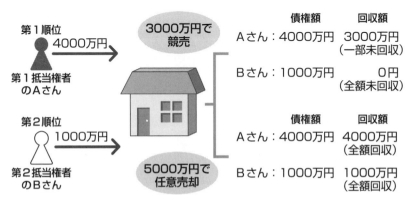

自宅を親戚に売却し、貸してもらう方法もある

親戚にもメリットがあることを示す

● 任意売却を利用して住宅に住み続ける方法

　任意売却をうまく利用することで、自宅に住み続けることができるというメリットもあります。それは、親戚や知人に、住宅を購入してもらうのです。その上で、住宅の所有者となった親戚などから、住宅を借り受けます。つまり、自宅を売り払う代わりに、新しい所有者に賃料を支払うことで、これまで通り住み続けることができるようになります。また、将来資金に余裕ができれば、買い戻すことも可能になります。

　親戚や知人でしたら、買受人を探す手間も省けるというメリットもあります。ただ、この方法は、親戚などに自宅を購入するだけの金銭がなければなりません。ほとんどの銀行では、親戚間による住宅の売買では住宅ローンを認めてはいません。そのため、一括で支払うことのできるだけの金銭的余裕がある者でなければならないのです。

　仮に親戚に金銭的な余裕があったとしても、わざわざ、そのような大金をはたいて、任意売却に協力してくれるだろうかという疑問が残ります。そのため、親戚にも任意売却をすることにより、メリットがあることを示す必要があります。たとえば、親戚に2000万円で自宅を購入してもらいます。その上で月々10万円を家賃として支払う旨を約束すれば、親戚には年間120万円の家賃収入が入ることになります。利回りは年6％になります。銀行預金に比べればかなりの高金利だといえます。

　なお、買受人になってくれる親戚等が見つからない場合には、不動産業者が紹介する業者や投資家に自宅を売却し、その者との間で賃貸

借契約を結ぶことで、自宅に住み続けることができる「リースバック」という方法も考えられます。将来的に自宅を買い戻したい場合には、売却時に、買戻しの特約を結んでおくとよいでしょう。ただし、この方法は、住宅ローンの残額が物件価格を超える場合は利用が難しく、また売却価格が市場価格を下回る可能性があり、買戻金額が売却金額より高額になりやすいというデメリットもあります。

このように、任意売却を使って自宅に住み続けるには、一定の条件をクリアする必要があり、それぞれの方法についてもメリットがある反面デメリットもあることを知っておく必要があるでしょう。

● 競売を利用して親戚に買受人になってもらう

愛着のある自宅に住み続けたいと思った場合、任意売却で親戚などに自宅を買ってもらい、その後、その親戚から自宅を借り受けるという方法がありました。一般には、任意売却の方が競売をするより利益が得られるので、債権者も納得する可能性が高いのですが、こちらが提示した売却額では納得しない債権者もいます。そのような場合、債権者が競売の申立てをするのを待ち、競売が申し立てられた場合に、

■ **任意売却で住み続ける方法**

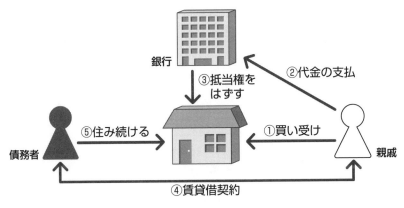

親戚に入札してもらうという方法があります。つまり、親戚に競売で落札してもらうのです。

ただ、競売の場合、任意売却とは異なり、必ず手に入れられるという保証はありません。競売で他の買受人が親戚よりも高額の買受額を提示すれば、その者に自宅を取られることになります。

また、他の買受人の提示する買受額よりも高い買受額にしなければならず、自宅の状況（築年数、立地など）によっては、任意売却よりも高額の買受金が必要となる場合もあります。

一方、自宅の状況がよくなければ、任意売却よりも、低い値で買い受けることができる可能性もあります。ただ、必ず買い受ける必要があるので、落札するために必要以上の買受額を提示しなければならないという心理的なプレッシャーがあります。

こうしたハードルを超え、無事に親戚に落札してもらった後は任意売却の場合と同じように、親戚と賃貸借契約を結んで、自宅を借り受けることになります。

なお、競売や任意売却によっても、住宅ローンなどの債務が残る場合は、その残債務について債務整理を検討する必要があります。

■ 競売で住み続ける方法

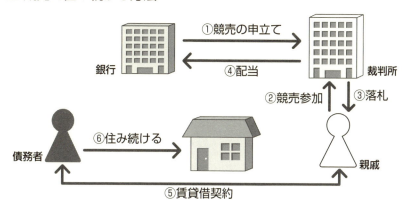

6 任意売却のデメリットについて知っておこう

手続きや利害関係人間の調整についての基準がない

● 法律の規定がないので問題もある

　任意売却は、手続きに時間がかかる競売と比べると、迅速で高額な債権回収が可能となる点で非常に大きなメリットがあります。しかし、手続きに時間がかかるという競売のデメリットも、裏を返せば手続きについて法律で細かく定められており、基準が明確だというメリットにつながります。その一方、こうした基準がないことが、任意売却のデメリットだといえるでしょう。また、競売の場合には任意売却とは異なって、裁判所が主体となって執行を行うため、確実に実行される、という点で安心ですが、任意売却の場合には、関係者が自発的に動いていくしかありません。そうしたことから、任意売却の場合には、売却代金の配分について関係者の間でもめたり、価格や配分比率を決定するときに不正が行われることもあります。

● どのような解決法があるのか

　任意売却の場合、法律で手続きが定められていないため、強制力がありません。任意売却の手続きや執行について定めた法律がないということは、たとえば利害関係人すべての同意や協力を得るための基準などが法律で定められていない、ということです。債権者などの利害関係人との交渉は、複雑かつ繊細で、忍耐力を要することになりますから、債務者が一人で行うには心理的に大きな負担となります。また必ずしも交渉が成功するとの保証がないことから、難航した場合には、抵当権者から競売を申し立てられる危険性が高まります。さらに、任意売却では、買受人を債務者自らが探し出さなければならず、また内

覧を実質不要とする競売とは異なって、任意売却では買受希望者には室内を見せる必要があることから、内覧への立会いも必要になってきます。このように任意売却では、裁判所が主体となって手続きが進行していく競売とは異なり、利害関係人との交渉や調整、買受人の募集や内覧への立会いなど、債務者が主体となって進めなければならず、時間と手間がかかるのが大きなデメリットとなっています。

　このような場合、任意売却を得意とする不動産業者に任意売却の手続きを依頼するのも一つの方法です。不動産業者が債務者に代わって、買受希望者を探し、利害関係人との交渉や調整の窓口となってくれるので、債務者の負担を軽減してくれます。不動産業者に依頼した場合は仲介手数料などの費用が発生しますが、これは売却代金から控除できますので、債務者の方の持ち出し金は不要です。

　他方、利害関係人が少なく、債権者が協力的な場合には、債権者と積極的に連絡を取り合いながら、手続きを進めていければ時間や手間を省き、スムーズに任意売却を進めていくことも可能です。この際、「売却代金をいくらにするか」「配当はそれぞれいくらにするか」について、事前に各債権者の債権額を洗い出した上で、価格の決定・配分方法につき各債権者とよく話しあって、互いに協力し合える関係を築きあげておくようにしましょう。

　どうしても、利害関係人の同意が得られず、抵当権等の担保権が抹消できない場合には、先に売却手続きを進め、その後に買受人により抵当権消滅請求権を行使してもらうことで、担保権を抹消ができる場合もあります（詳細については69～71ページを参照してください）。

　また、仮に交渉が難航し、債権者により競売手続きが申し立てられたとしても、競売における売却基準価額によっては、それまで任意売却に協力的でなかった債権者が任意売却に応じる姿勢を見せることもあります。交渉が難航したとしても、競売を回避できる手段は残されていますから、あきらめず粘り強く交渉をしていくようにしましょう。

任意売却する前につかんでおきたいこと

不動産の現況と利害関係人の状況・意向を確認する

● 事前に売却までのリミットを決めておくことも大切

　任意売却は、事前の準備と利害関係人間の調整が大きなポイントとなりますが、その調整の場で、いつまでに売却を終える予定なのか、明確にしておいた方がよいでしょう。特に利害関係人が多い場合には、それぞれの事情もありますから、事前に売却期限についても合意しておく必要があります。

　債務者側の心理としては、抵当不動産をなるべく高く売却したい、と思っているのが通常です。また、債務者自身がその不動産に住んでいる場合には、退去するのはなるべく後に引き延ばしたい、と考えてしまいがちです。このように、当初はすぐに売却するつもりでも、時の経過とともに状況や心理が変化することはよくあることです。

　ただ、債務の弁済を滞らせると、その分だけ弁済を受けられない利害関係人の債権額が膨らむことにもなり、早急に債権を回収しようと、債権者が競売を申し立てることにもなりかねません。このような事情が生じないためにも、あらかじめ売却までのリミットを定めておくことが大切です。また、万が一、定めておいた期限までに売却ができなかった場合についての対応も、事前に決めておくようにしましょう。

● 利害関係人の意向も確かめる

　任意売却を成功させるためには、利害関係人に該当する人をすべて洗い出さなければなりません。その際、利害関係人が有する債権がどんなに少額であっても、事前に任意売却を行うことを説明し、協力をとりつける必要があります。利害関係人というと、債権者や抵当不動

産の占有者などが思い浮かびますが、国税や地方税の徴収について、税務署や自治体の動きも押さえておく必要があります。税金を滞納すると、差押えがなされることもあるからです。税の滞納により差押えがなされると、差押えを解除してもらわない限り、任意売却を行うことは実質的に不可能になります。また、自己破産したとしても、税金などの租税債権については免責されません。したがって、まだ税金などの滞納により差押えを受けていない場合は、税金の支払いを最優先させるべきです。

● 滞納処分により差押えがされている場合

では税金の滞納により、既に対象不動産が差押えをされている場合、任意売却を行うことはできないのでしょうか。

通常、税の滞納により差押えがなされると、差押えられた不動産は、最終的には公売により売却され、売却によって得られた代金は滞納分の税金に充当されることになります。公売とは、競売と類似した仕組みを持つ制度ですが、競売が債権者の申立てによって裁判所が行うのに対し、公売では国税局や地方自治体など、差押えをした当事者が主体となって強制的に差し押さえた物件を売却する点が大きな相違点となります。公売がなされれば、当然に任意売却を行うことはできません。

ただし、税金の滞納によって対象不動産が差し押さえられたとしても、租税債権に優先する抵当権などの被担保債権がある場合には、税金の回収が困難であるという事実を証明することで差押えの解除を求めることができます。これを「無益な差押え」と呼びます。

具体例を挙げて、この「無益な差押え」を考えてみましょう。

たとえば、対象不動産の市場価格が1000万円で、住宅ローンを担保するために設定された第1抵当権者の被担保債権（住宅ローン）の残額が1500万円、さらに第2抵当権者の被担保債権の残額が500万円残っている場合、対象不動産は明らかにオーバーローン物件であり、この

状態で税金の滞納による差押えがなされても、税金の滞納分を回収することは不可能です。このように配当を得る見込みのない状態で差押えを行うことを「無益な差押え」といい、無益な差押えの解除は、国税徴収法で定められており、差押えに対して配当できないことを証明できれば認められます。なお、租税債権と住宅ローンなどの私債権の優劣は、「法定納期限」（租税公課を納付すべき本来の期限のこと。請求書に記載されています）と抵当権の設定登記の先後で決せられます。たとえば、法定納付期限よりも前に、抵当権が設定されていれば、抵当権が優先することになり、逆に抵当権の設定登記が法定納付期限の後であれば、租税債権が優先することになります。では、無益な差押えがなされたとして、それを解除するにはどうしたらよいのでしょうか。

　税の滞納による差押えを解除するには、不動産の所有者の名義で、「差押解除申立書」を所轄の税務署など租税の官公庁に提出する必要があります。この申立書には、鑑定評価書（不動産鑑定士によって作成された信頼性の高い文書で、国土交通省が定める不動産鑑定評価基準に基づいて評価対象不動産の適正な価格が記載されます）、登記事項証明書・共同担保目録、債権の残高証明書など、その差押が無益な差押えに該当することを客観的に証明できる書類を添付します。

　そして、このままでは税金を全く得られない状況であることを説明した上で、任意売却に同意して解除料を得た方がメリットがあることを説明し、同意を促すようにします。特に滞納している税金が固定資産税の場合には、競売されると長い間固定資産税が納付されないことになること、素早く任意売却を成立させれば、新しい買受人によって固定資産税が納付されることを主張するのがよいでしょう。

　なお、無益な差押えであることを主張したのにもかかわらず、役所側が差押えの解除に応じないときは、差押えを行った役所に対し不服申立てを行ったり、あるいは裁判所に対し取消しを求める訴訟を提起することも可能です。

債権者は任意売却にあたってどんな点を見ているのでしょうか。

債務者が個人事業主などの場合、任意売却への手続きを進めていくにあたって、債権者が注目している点は、大きく分けて2つあります。一つ目が、債務者がどのような状況にあるのかという点、二つ目が、抵当不動産がどのような状況にあるのかという点です。

まず、債務者の状況についてですが、債務者の事業が倒産していない場合には、債務者の事業の状況について調査が行われることになります。そして、利害関係人の有無やその人数、債務者が負っている債務額などがチェックされることになります。その際、社員の動向や、取引先の状況、金融機関の動きやその思惑などにも注意されることになります。一方、債務者の事業が倒産している場合には、債務者自身の資産と負債、倒産の原因、再建する意思があるのかどうかという点が調査の対象になります。

前述の調査で利害関係人がいると判明した場合には、利害関係人の意向（任意売却に協力的かどうか）の確認が行われます。また、抵当不動産の所有者が第三者（物上保証人）である場合には、物上保証人の状況や意向も注視されることになります。

次に、抵当不動産の現在の状況についてですが、登記事項証明書などの書類上の記載内容の確認が行われるとともに、実際の不動産の現状確認も行われることになります。不動産の現状を正確に把握するためには、書類上の調査と現地調査の双方が欠かせないからです。

たとえば、書類上の調査の結果、抵当不動産の所有権が既に第三者に移転していることが判明した場合には、所有者の協力を得られない可能性が出てきますので、債権者としては、競売による債権回収も視野に入れて動く必要が生じます。

また、実際に現地に赴いたところ、抵当不動産の経年劣化が想定以

第2章　任意売却のしくみ

上に進行しており、修繕に多額の費用がかかることが判明したという場合もあります。建物に抵当権を設定した時から長い年月が経過しているケースにおいては、経年劣化で建物自体の価値が著しく下がっているということが珍しくありませんから、債権者側も特に注視をする部分だといえます。

なお、抵当不動産の現地調査をすることにより、占有者がいると判明した場合には、債権者は立退料の見積もりなども行います。また、抵当不動産に債務者が住んでいる場合には債務者の生活状況、賃貸に出している不動産の場合には大まかな空室率、抵当不動産が事業用のものである場合には社員の状況や工場の稼働率、などというように、さまざまな部分について、債権者はチェックの対象としています。

このような調査の結果として、最終的に債権者が得たい情報は、「現在売却したらどの程度の売価になるのか」という通常の不動産市場の相場と、「仮に競売にかけた場合にどの程度の価格で落札されるのか」という競売市場の相場です。この双方を見積もっておくことで、任意売却の話がうまくまとまりそうにもない場合には競売へと切り替えるタイミングを判断したり、その情報を有効に使って利害関係人への説得を行ったりするわけです。

■ 調査のポイント

債務者の状況の調査	抵当不動産の状況の調査
・債務者の事業の状況の確認 ・債務額の把握 ・社員、取引先、金融機関の動向の確認 ・物上保証人の同意が得られるかどうか	・占有者の有無を確認する ・経年劣化の程度の確認 ・修繕の必要性のチェック ・登記事項証明書の記載内容を確認する ・立退料の見積もり ・回収見込額の算定

任意売却は誰が主導するのか

大口の債権者や所有者などが協力して進めることが多い

● 誰が主導するかで違ってくる

　任意売却を主導する役割を担う人は、個々のケースにより異なりますが、抵当不動産の所有者か抵当権者のいずれかが主体となるケースが多いようです。あるいは、所有者と抵当権者が協力し合いながら、進めていくケースもあります。

　所有者が主体となって進めるケースでは、不動産の所有者が自分で買受人を見つけて交渉を行い、売却額と各利害関係人への配分を決めた上で、すべての利害関係人に伝えることになります。よい条件で売却する場合やすべての債権者が納得できる程度の額を回収できる見込みがあれば、各利害関係人の協力も得やすいでしょう。一方で、利害関係人が多い場合や権利関係が複雑な場合には、所有者が単独で任意売却の手続きを進めるのは困難です。話がまとまらない場合には、裁判所の調停制度を利用する方法がとられることもあります。

　抵当権者が主体となって手続きを進める場合、任意売却を成功させるには所有者の同意が不可欠です。したがって、抵当権者が買受人を見つけ、売却額と配分を決めていく場合であっても、その都度所有者に状況を説明し、協力してもらえるようにしなければなりません。また、他に利害関係人がいる場合には、その同意を得る必要がありますから、他の利害関係人にも随時進捗状況を説明していかなければなりません。抵当権者が所有者から委任状をもらって売買契約を代行する場合には、事前に所有者との間で売却条件について確認して書面に残しておくようにするとよいでしょう。

第2章　任意売却のしくみ

任意売却をスムーズに進めるためには、所有者・抵当権者のいずれかが単独で進めるよりも両者が協力して進めた方がよいでしょう。特に両者が密に連携して進めていくことで、自己の利益を得ようとしている整理屋や暴力団などの介入を防ぐこともできます。

● 抵当権者の集会が行われることもある

　利害関係人の数が多く、抵当不動産をめぐる権利関係が複雑なケースにおいては、抵当権者の集会が開かれることもあります。というのも、このようなケースでは抵当不動産の現況を確認し、利害関係人の意向を確認するための労力が甚大なものとなるため、所有者や抵当権者が単独で手続きを進めるのが物理的に難しい場合が多いからです。

　集会を開く場合、抵当不動産を売却する際の占有者の取扱いや売却した代金の配分について、各利害関係人が自身の希望に添わせることをねらった言動に終始する可能性が高くなります。このような場をうまくまとめていくためには、債権者に対して立場の弱い債務者ではなく、大口の債権者や金融機関に積極的に参加してもらう必要があります。

■ **売却交渉を進めるときの注意点**

抵当権者

抵当権者の売却交渉
・所有者に状況を説明しつつ、売却交渉を進める
・所有者から委任状を受け取る際に、売却条件を確認しておく

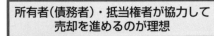
所有者（債務者）・抵当権者が協力して売却を進めるのが理想

債務者

債務者の売却交渉
・債権者、利害関係人を納得させることができる売却先を探す
・話がまとまらない場合には裁判所の調停などを活用する

債務者が債権者との交渉過程で気をつけること

早めに交渉を開始する

● 任意売却をするには

　債権者に、「任意売却をしたいのですが」といっても、債権者が簡単に任意売却に同意することはありません。確かに債権者は競売よりは任意売却を好みますが、債権者が本当に望んでいるのは、担保をとったまま、債務者がローンを払い続けることなのです。そのため、担保が消えることになる任意売却に簡単に同意するはずがありません。
　そこで、債務者としては、約定に違反することになりますが、支払いを遅延するなどの手を打つ必要があります。債権者に任意売却をした方がよいと思わせなければならないのです。

● 任意売却を切り出すタイミング

　自宅を維持したままでは、債務の返済が不可能になった場合には、銀行や保証会社などの債権者に競売を申し立てられる前に、債務者から任意売却を切り出した方がよいでしょう。その場合、買受人と買受額も決めておくと、銀行などの債権者との交渉もスムーズにいきます。ただ、銀行などの債権者としては、任意売却を切り出したことで、こちらの財産状況が悪化したことを把握し、さまざまな対策を取ってくることが予想されるため、任意売却を提案するときは、十分な準備をしておくべきです。

● ローンの支払を停止させることもできる

　債務者が任意売却を検討する原因のひとつに「住宅ローンの支払いができない」という理由があります。その場合、任意売却の提示を銀

行などの債権者にした際に、住宅ローンが支払えないことも伝えておくとよいでしょう。ローンを支払えないことと任意売却をしたいことを債権者に伝えておけば、その後、ローンを支払わなかったとしても、債権者から催告状などが送達されなくなる可能性があります。債権者としては、対処方法を考えている段階なので、事実上、ある程度の支払いの猶予がなされるのです。ただし、任意売却後は、住宅ローンの残額が確定しますので、これを支払う必要があり、支払いが困難な場合には、債務整理を検討することになります。

● 競売後に任意売却を提案するのもひとつの手段

　債権者が競売を申し立てた後に、任意売却を提案する方法もあります。競売の申立てをすると、裁判所は不動産の調査をし、売却基準価額（36ページ）を決定します。この売却基準価額が、その不動産の落札価額の基準になります。

　債務者としては、売却基準価額が決まった後に、任意売却の交渉を始めることもできます。競売は、不動産の買受人が買受の申出をするときまでは、取り下げることができます。そのため、競売後でも任意売却をすることができるのです。

　売却基準価額が決まった後に、任意売却の交渉をするのは、売却基準価額が、競売によって債権者が回収できる金額の基準になるからです。

　売却基準価額が決まるまで、債権者は、競売によって回収できる金額がわかりません。そのため、競売がされる前に任意売却の提案をしても、債権者が、債務者が提示した任意売却価格よりも競売をした方が、高く売れると思えば、債権者は、任意売却を拒否します。

　そのため、売却基準価額が決まり、競売で回収できる金額がわかれば、債務者としては、売却基準価額よりもいくらか高い金額を任意売却価格として提示すれば、債権者が競売を取り下げ、任意売却に応じる可能性が高くなります。

住宅ローンを組んでいる場合の任意売却には注意が必要

任意売却をするべきかどうかを慎重に検討する

● 不動産の価格を調べる

　不動産を任意売却するにしても、自宅の価格が現在いくらなのかを知っておく必要があります。

　たとえば、5年前に5000万円で購入したマンションが、現在2500万円になっており、ローン残高が4000万円あるとします。つまり、不動産の価格よりも、ローンの方が多いということになります。

　このようなケースの場合、ローンを払い続けるよりは、任意売却をした方が得策であることがわかります。

　また、任意売却を考える前には、必ず債務額の把握もしておきましょう。正確な債務額を知らなければ、今後の方針を決めることができません。債務額によっては、任意売却により自宅を失わなくても住宅ローンを返済することができます。

　債務額を把握するのは簡単です。返還表などで毎月の支払額、利息額、債務残高がわかります。銀行などに連絡してもよいでしょう。

● 返済方法を見直してもらう

　住宅ローンの返済ができなければ、直ちに任意売却というわけではありません。まずは債権者と話し合ってみるべきでしょう。自分の収入や財産状況を話し、返済方法を見直してもらうのです。この返済方法の見直しをリスケジュールといいます。うまくいけば、現在の返済額を減額してもらうことができます。ただ、結果として支払金額は以前と変わらないので、後でしわ寄せがくることになります。そのため、リストラをされ、無給状況にあるものの、すぐにでも転職先が見つけ

られる場合や、収入の回復の見込みがある場合など、今をしのげればなんとかなるという状況でしたら、リスケジュールをすることには意味がありますが、今後の収入などに変化がないようでしたら、リスケジュールではなく、任意売却をした方がよいかもしれません。

● 期限の利益を喪失するまで

　住宅ローンの返済が不可能になり、任意売却をすることを決めた場合は、早めに債権者に対して任意売却を行う旨を伝えるとよいでしょう。

　通常、住宅ローンの支払いの滞納が3か月から6か月程度続くと、銀行などの債権者は「期限の利益の喪失」を通知する書類を送ってきます。期限の利益とは、契約書上で決められた支払日までは、月々の返済額を支払わなくてもよいとする債務者側の利益のことをいいます。ただ、期限の利益は、債権者側にとっては不利益であることから、住宅ローンの契約書には必ず期限の利益の喪失についての特約が設けられています。そのため、債務者がローンの支払いを滞れば、これまで住宅ローンを分割で支払ってきた債務者側の利益は失われ、ローン残額を一括で返済しなければならなくなります。

　しかし、実際に一括で支払うことは不可能です。そこで、期限の利益を喪失すると、保証会社が債務者に代わって一括弁済（代位弁済）し、保証会社からローン残額の一括返済を請求されることになります。これを放置していると、保証会社によって競売の申立てがなされることになります。

　競売が申し立てられても、開札期日の前日までであれば任意売却を行うことはできますが、期限ぎりぎりだと債権者から拒否される可能性が高くなります。競売による売却でもかまわないのであれば問題はありませんが、任意売却で親戚に売る（45ページ）ことなどを検討していたような場合には、計画を立て直さなければなりません。任意売却を決めたのであれば、早めに債権者との交渉に入りましょう。

買受人を探す

好条件で購入してもらえる人を探すことになる

● 買受人を探す

　任意売却を行うことについてすべての利害関係人の同意を得たら、あるいは利害関係人との調整作業と並行して、買受人を探す必要があります。

　任意売却の場合には、自分たちで買受を希望する人を探さなければなりませんから、抵当不動産の所有者だけでなく、債権者である銀行やその他の大口債権者なども含めて、各利害関係人がそれぞれの人脈を頼りに買受を希望する人を探した方が、よい条件で買い受けてくれる人を見つけやすくなるのが一般的です。買い受けてくれる人を探すときには、その不動産に向いている人を探した方が効率的です。たとえば、その不動産が工場である場合には、同業者から探した方が一般から広く探すよりも希望者を見つけやすく、また好条件で売却できる可能性が高いでしょう。これとは反対に、不動産が特殊なものであることが原因で買い手がつかなかったり、買いたたかれてしまうことも考えられます。このような場合には、建物を取り壊して更地にした上で、広く一般に売却した方がよい値段で売却できることもあります。ただし、この場合には、取り壊し費用が余分にかかってしまうため、注意が必要です。

● 売却予定価格を下げることもある

　買受人が一般の人であるか、不動産業者であるかによって、売却できる価格は大きく異なります。通常は、その不動産を欲しいと願っている個人や事業者を対象とした方が、不動産業者を相手とするよりも

好条件での売却を期待できます。

ただし、なかなか買い手が見つからず、多少金額を下げてもかまわない場合には、不動産業者に買い受けてもらう方法も検討した方がよいでしょう。それが特殊な不動産であれば、なおさらです。広く一般的に流通する不動産の場合には、売却予定価格を提示してくる買受希望者が現れるのを待つこともできます。しかし、市場に流通しにくい不動産の場合には、希望の価格を提示してくれる買受人がいつまで経っても現れず、ますますタイミングを逸した上に不動産の価値も低下してしまった、ということにもなりかねません。

このように、売却予定価格に及ばない価格でしか買受の希望がない場合には、売却予定価格にこだわり続けて売却のタイミングを逃してしまうよりも、金額を下げてでも売却してしまった方が、結果的に利害関係人にとってもプラスとなることもあるのです。

● 配分について検討する

売却代金の配分方法については、事前に調整しておく必要があります。必要な項目をリストアップし、債権者などの利害関係人の状況を記載するリストを作っておくとよいでしょう。

■ 任意売却にあたっての注意事項

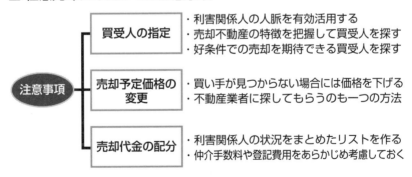

任意売却にはどんな費用がかかるのでしょうか。

 任意売却も不動産の売買ですから、通常の不動産売買の時に必要となる費用は発生します。

たとえば、不動産業者を介した場合には、不動産仲介手数料がかかりますし、売買契約書に貼付する印紙代、固定資産税清算金なども必要です。抵当権の解除と登記の抹消にかかる費用も発生します。登記の手続を司法書士に依頼した場合には、司法書士に支払う報酬も必要です。不動産の評価を行う段階で、不動産鑑定費用もかかります。

また、不動産がマンションのユニットである場合には、通常、マンション管理費や修繕積立金が必要となります。こうした費用を所有者が支払わずにいた場合には、滞納分も支払う必要があります。

不動産を賃貸に出していた場合には、賃借人から預かった保証金や敷金を返還する費用も差し引いておかなければなりません。

所有者が破産手続開始の決定を受けている場合で、任意売却によって得た代金の一部を破産財団に組み入れる事になっている場合には、その組入金も差し引かなければなりません。

さらに、古い建物などを取り壊した場合には取り壊しにかかった費用も必要になります。占有者への立退料の支払いや居住者に支払う引越費用が必要となる場合もあります。

さらに、その不動産の管理状況が思わしくなく、ゴミが散乱していたり土壌汚染が進んでいるようなケースでは、不要物を撤去する費用や土壌汚染の調査や測量費用などがかかることもあります。

ただし、仲介手数料や抵当権抹消等の登記費用、管理費・修繕積立金の滞納分、固定資産税等の滞納分および引っ越しにかかる転居費用の一定額については、売却代金から控除される可能性がありますので、その場合は、売主である債務書が負担する必要はありません。

売価代金の配分について知っておこう

抵当権の順位と設定額に応じて配分を決めるのが一般的

● 利害関係人から見ても妥当といえるものでなければならない

　任意売却を行う際には、事前に利害関係人間の同意を得ておく必要があります。その際に、調整が難航しやすいもののひとつに、売価代金の配分方法があります。

　特に複数の抵当権が設定されている不動産において、その価値が抵当権の額を下回っているような場合には、利害関係人の調整も慎重に行う必要があります。

　こうしたケースでは、後順位の抵当権者が競売を行ったとしても債権を回収することはできません。そこで、このような場合には、後順位抵当権者は、任意売却を行う場合に求められる抵当権の登記抹消の手続きに協力する代わりに幾分かの金銭（解除料あるいはハンコ代と呼ばれています）を受け取る、といった内容で同意に至るのが通常です。

　このように、すべての利害関係人が任意売却に協力することで、競売では得られない利益を得られるよう、状況に応じてきめ細かい対応を行うことができる点が、任意売却のメリットなのです。

　そして、個々のケースに対応しつつも、各利害関係人に公平な取り扱いとなるようチェックリストなどを準備して、明確な基準に従って手続きを進めていくことが、任意売却を成功させるポイントだといえます。

● 譲歩の額と割合には基準がない

　競売の場合には、配分についても法律で定められていますから、この点について揉めることはありません。

一方、任意売却の場合には、前述したようにしくみや手続きについて定める法律の明文規定がありませんので、競売のように後順位の抵当権者が全く債権を回収できないような取り決めをすることもできますし、極端な話としては、先順位抵当権者からではなく後順位の抵当権者から順に回収額を決めていくこともできます。

　このように、どのような方法で配分を決めてもかまわないのが任意売却のよいところでもあるのですが、何の基準もないまま話し合いを進めていくと、声の大きい債権者の主張がまかり通るような不条理な状況となる恐れもあります。

　特に、競売が行われた場合には債権の回収が絶望的な状況にある後順位の抵当権者が、自身の債権を少しでも多く回収するために、先順位の抵当権者に対して過大な解除料を要求し、これに応じなければ、任意売却に協力しない、と主張することもあり得ます。

● 基本的には抵当権の順位に比例する

　利害関係人の誰かが譲歩の額と割合について、あまりに非常識な要求を行っているような場合には、最終的には任意売却の話自体が不調に終わる可能性が高くなります。任意売却の話がうまくまとまらなければ、最終的には競売へと進むことになります。

　もちろん、前述した通り、任意売却については特に法律上定めがないことから、売価代金の配分については自由に決めることができるのが原則です。しかし、こうした現実を踏まえ、最終的には競売に話が進むことを念頭に入れて、競売手続きにおける基準を参考として任意売却の話を進めていくケースも多いようです。

　したがって、たとえば複数の抵当権が設定されている抵当不動産を任意売却する場合には、その抵当権の順位と設定額に応じて売却代金を配分するように話が進められることが多いのが実情です。

● **利害関係人にもいろいろある**

　売却代金を利害関係人に配分すると言っても、その利害関係人にもさまざまな立場があります。

　たとえば債権者の場合、「それぞれが有している債権を回収できるかどうか」という点において、①優先的に弁済を受けられる債権者（上位債権者とします）、②劣後する債権者（下位債権者とします）、③上位とも下位ともいえない立場にある債権者（中間債権者とします）、に分けて考えることができます。

　上位債権者は、競売が行われても任意売却が成立しても、債権を回収できる見込みのある立場にあります。一般的には抵当権の順位が上位の場合、優先債権者だといえるでしょう。

　下位債権者は、債権者の中でも最も債権回収の見込みのない立場にあります。抵当不動産が競売にかけられた場合には、債権を回収できる見込みがないのはもちろん、任意売却が成立したとしても、抵当権の解除料か登記の抹消料くらいしか回収できる見込みがありません。

　上位とも下位ともいえない立場にある中間債権者は他の債権者よりも不安定な立場にあります。抵当不動産が競売にかけられた場合には債権を回収できるかどうか微妙ですが、任意売却が成立した場合には、債権を回収できる見込みがあります。

● **微妙な立場の人が譲歩する**

　任意売却によって債権を回収するか、競売によって回収するか、いずれの方法をとるかによって、債権を回収できるかどうかが大きく影響を受けることになるのは、上記の③に挙げた上位とも下位とも言えない立場にある中間債権者です。

　こうした事情から、売却代金の配分を決める際には、中間債権者は下位債権者に対して譲歩するのが一般的です。

　譲歩は、下位債権者が抵当権の解除や登記の抹消に協力したことに

対するお礼という形で行動に表れます。具体的には、解除料や抹消料として下位債権者に支払われる金銭を中間債権者が自分が受けるはずであった金銭から支払うことになります。

　ただ、常に中間債権者だけが譲歩をしなければならない、というわけではありません。たとえば、下位債権者の努力によってなかなか見つからなかった買受人が現れたようなケースにおいては、その下位債権者の努力の恩恵を受けるのは中間債権者だけではありません。長い期間売却できずにいた状況から確実に債権を回収できる状況となった、という点においては、上位債権者も恩恵を受けています。このような場合には、上位債権者が譲歩したとしても不合理ではありません。

　このように、どの債権者が下位債権者に譲歩するのか、という問題は、個々のケースによって異なるのが実情です。

■ 売却代金の配分

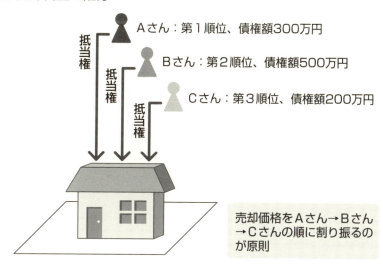

Aさん：第1順位、債権額300万円
Bさん：第2順位、債権額500万円
Cさん：第3順位、債権額200万円

売却価格をAさん→Bさん→Cさんの順に割り振るのが原則

13 担保解除料について知っておこう

配当を得られない債権者に対しては解除料を支払って協力を求める

● 配当を与えることのできない利害関係人への配慮

　任意売却の取引を行う際には、原則として売買代金の受取りと抵当権の解除は同時に行います（77ページ）。代金の受取りと抵当権の解除を同時に行うということは、たとえ配当を得ることのできない劣後債権者（下位債権者）であっても、抵当権の解除と登記の抹消手続きに協力する必要があるということです。そして彼らが協力をしなければ任意売却は成立しません。

　しかし、競売手続きが始まってしまえば債権を全く回収する見込みのない立場にある利害関係人の場合、任意売却を行った場合であってもやはり配当を得ることは難しいのが実情です。自分は配当を得られないのに、抵当権を解除しなさい、と言われても協力する気になれないのが人情です。こうした事情から一般的に、配当を受けられない利害関係人に対しては、他の債権者が譲歩することによって、解除料や抹消料が支払われます。この解除料や抹消料のことを、「担保解除料」と呼びます。この担保解除料の金額については、どの程度にするのかという決まり事や基準は存在しませんが、住宅金融支援機構では、売却代金から控除すべき後順位の抵当権者（劣後債権者）に対する担保解除料として下記のように一定の目安を設けています。

　まず、第2抵当権者に対しては、30万円または残元金の1割のいずれか低い方を、次に第3抵当権者に対しては、20万円または残元金の1割のいずれか低い方を、最後に第4順位以下の抵当権者に対しては、10万円または残元金のいずれか低い方を、担保解除料として売却代金から控除することを定めています。ただし、これはあくまでも住宅金

融支援機構の基準であり、他の債権者では異なった対応がなされることもある点に留意してください。

● どのように交渉するのか

　数多くの利害関係人がいる場合、劣後債権者の中には貸金業者などが名を連ねていることがあります。そして、対象となる不動産に対して仮登記や仮差押を行う債権者がいる場合もあります。

　このような手続きを行っている債権者の中には、高額の担保解除料を要求してくる者もいるかもしれません。しかし、担保解除料をいくらにするかを決める場合の前提として、担保解除料しか得る事のできない立場にある劣後債権者は、そもそも不動産を競売にかけられてしまえば何も回収することはできない立場である、ということを忘れないでください。

　そして、そのことは劣後債権者も十分わかっています。したがって、折り合いがつかなければ競売に切り替える用意があることを相手に知らせながら、常識的な金額の担保解除料で合意に至るように交渉を進めることになります。

　なお、抵当不動産の所有者が破産手続き開始の決定を受けている場合には、破産管財人は担保権消滅許可制度（88ページ）を利用して、担保権を消滅することも可能です。不当な要求をしている劣後債権者がいるような場合には、こうした制度を上手に利用しながら、交渉を進めていくことが重要になります。

● 劣後債権者が抵当権の抹消に同意しない場合

　劣後債権者である後順位抵当権者が抵当権の抹消に同意しない場合は、任意売却自体がとん挫する危険性があります。そこで、このような場合には、抵当権が付いたまま不動産を先に売却し、買受人である第三者から抵当権者に対し、抵当権を抹消するよう請求してもらう

方法が考えられます。これを「抵当権消滅請求」といいます。抵当権消滅請求は、抵当権が設定された不動産（抵当不動産）を取得した第三者（第三取得者）が、不動産を取得した金額または第三取得者自らが抵当不動産を評価した金額を提供することを申し出て、抵当権者がこれを受領する場合に、抵当権の抹消を認める制度です。

　具体的な手続きの流れ以下の通りです。まず、第三取得者は、登記された債権者全員に対し、抵当不動産を取得した原因（売買など）、その年月日、譲渡人（売主）と第三取得者の氏名・住所、抵当不動産の性質・所在、代価、および消滅請求を受けた抵当権者が2か月以内に競売を申し立てないときには代価を抵当権の順位に従って弁済または供託する旨を記載した内容証明郵便を送付し、かつ別便で抵当不動産の登記事項証明書を送ります。

　次に、書面を受け取った債権者は、第三取得者からの申出を承諾するか、あるいはこれを拒否して、競売手続きを行うかを選択しなければなりません。競売手続きを選択した場合は、書面を受け取ってから

■ 担保解除料の役割

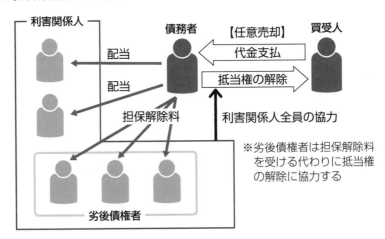

2か月以内に競売の申立てを行う必要があります。2か月以内に競売の申し立てがなされない場合には申出を承諾したものとみなされます。

最後に、登記された債権者全員が承諾した場合、あるいは2か月以内に競売の申立てがなされない場合には、第三取得者は申出金を支払うか、供託すれば、消滅請求の効果が発生し、抵当権が消滅します。

では、抵当権者が2か月以内に競売を申し立てた場合、第三取得者は抵当不動産を失うことになるのでしょうか。

必ずしもそうなるとはいいきれません。競売手続きには無剰余執行禁止の原則があり、申立債権者に優先する債権の額の合計額を弁済して剰余を生ずる可能性がない場合には、執行手続きが取り消されることになります。したがって後順位抵当権者のように、競売がなされても配当を得る可能性がない場合には、仮に競売を申し立てても、執行裁判所により申立が却下されることになりますので、結局のところ抵当権消滅請求における第三取得者の申出を承諾したのと同様の効果が生ずることになります。

■ 不動産の第三取得者と抵当権消滅請求

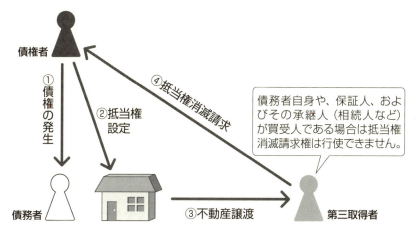

# 契約書をチェックする

通常の契約書に任意売却の特性に応じた条項を加えておく必要がある

● 解除条項が置かれているのが通常

　買受人が見つかり、利害関係人からの同意が得られたら、売買契約書（74ページ）を作成します。不動産売買であれば、通常、買主は手付金を支払います。この手付によって不動産を一時的に押さえておき、本契約に至らない場合には責任のある側がその金銭に応じた額を負担します。しかし、任意売却の場合、取引の前日になって所有者が行方をくらますなど、通常では考えられない事態が起こって契約が流れてしまうことも起こり得ます。

　このようなリスクを最小限に抑えるために、任意売却の手続きは、権利関係と金銭の移動を1日の中で完結させるようにしています。

　こうした事情から、実務上、任意売却の場合には、手付の受け渡しが行われないことも少なくありません。

　任意売却の手続きは、その大部分が通常の不動産売買と同じ手続きを経て進みますが、所有者と買受人との売買契約に至る背景と関わる人数は、通常の不動産売買とは異なり複雑なものがほとんどです。

　普通の不動産売買契約であれば、大きな問題もなく終了する手続きであっても、利害関係人の意向が変わるだけで、売買契約そのものが成り立たなくなる危険性があるのです。どんなに準備を整えていても、取引の当日に抵当権者の1人が抹消登記の手続きへの協力をとりやめてしまえば契約が流れてしまうこともあります。

　そこで、任意売却の契約書には、債権者の同意が得られず、対象不動産に設定されている抵当権等の担保権が抹消できない場合に備えて、無条件で契約を解除できる白紙解除の特約が一般的に設けられていま

す（第11条参照）。

　また、任意売却の契約書では、売主の瑕疵担保責任を免除する特約が置かれることが多いのが特徴です。瑕疵担保責任とは、シロアリや雨漏りなど、売買の目的物である不動産に、取引通念上、一般に要求される程度の注意をもってしても発見できない瑕疵（欠陥）があった場合に、売主が負担する責任です。責任の具体的な内容としては、損害賠償請求と契約の解除が挙げられ、買主は瑕疵の存在を知ったときから1年以内（通常の不動産売買では2～3か月以内で設定されることが多い）であれば、売主に責任追及ができます。しかし、任意売却の場合、売主は既に住宅ローンの支払いを滞り、返済のメドがたたないため、仕方なく不動産を手放さざるを得ない窮地に追い込まれているケースがほとんどです。しかも売却代金はすべて債権者に回収されるため、損害賠償責任を負担するだけの資力はありません。そのため、売主の瑕疵担保責任を免除する特約が契約書に盛り込まれています（第12条参照）。ただし、売主が瑕疵の存在を知りながらあえてこれを隠していた場合や、説明するのを忘れていた場合には、瑕疵担保責任免除の特約は無効になります。

　さらに、任意売却では、契約書に「現況有姿」や「現状有姿のまま引き渡す」といった文言が記載されることがあります（第1条参照）。現況有姿とは、契約締結から引渡しまでの間に、補修箇所等が生じ物件に変動があった場合でも、補修等をして契約時の状況に復元する必要はなく、引渡時の状況で引き渡す義務を負うに過ぎないことを意味しています。瑕疵担保責任の免除特約と同様に、売主の負担を軽減させるためのものだといえます。

　最後に、土地の売買には実測売買と公簿売買の2種類がありますが、任意売却では公簿売買が原則となり、仮に登記簿上に記載された面積と実際の面積との間に差異が生じていたとしても、売買代金を変更できない旨を、契約書に明記しておきます（第3条参照）。

書式　任意売却契約書

収入印紙
（課税額は記載金額により異なる）

不動産売買契約書

　売主○○○○（以下「甲」という）と買主○○○○（以下「乙」という）は、後記物件（以下「本物件」という）につき、以下のとおり売買契約（以下「本契約」という）を締結した。

第１条（売買契約）
　甲は、乙に対し、本物件を現状有姿のままで代金○○円で売り渡し、乙はこれを買い受けた。

第２条（代金支払方法）
　乙は甲に対し、所有権移転登記申請手続きと同時に、代金○○円を支払う。

第３条（売買面積）
　本物件の面積は登記簿上の面積によるものとする。登記簿の面積と実測に相違があっても売買代金の増減はしない。

第４条（所有権の移転と引渡し）
　本物件の所有権は、乙が売買代金全額を甲に支払ったとき、甲から乙に移転するものとし、甲はその受領と同時に所有権移転登記に必要な書類を乙に引き渡す。
２　甲は、本物件を前項の所有権移転と同時に引き渡すものとする。

第５条（登記費用等の負担）
　本物件の売り渡しに要する契約書等の費用は甲乙折半にて負担し、所有権移転登記費用は乙の負担とする。

第６条（抵当権等の抹消）
　甲は、第４条の所有権移転の時期までに抵当権等の担保権、賃借権等の用益権、その他乙の所有権の完全な行使を妨げる一切の負担を除去しなければならない。

第７条（公租公課の負担）

本物件に関する公租公課については、第4条の引渡しの日の前日までの分を甲、引渡し日以降の分を乙が負担とするものとする。

第8条（引渡し前の滅失等）

　本物件の引渡し前に天災地変、その他甲、乙いずれの責めにも帰すべからざる事由により、本物件が滅失若しくは損傷したときは、その損失は甲の負担とする。但し、それが為に契約をなした目的を達することができないときは、乙は本契約を解除することができる。

第9条（瑕疵担保責任）

　本物件に隠れたる瑕疵があったときは、引渡の時から1年間、甲は乙に対して民法第570条規定の責任を負うものとする。

第10条（契約違反による解除）

　甲又は乙は、相手方が本契約に基づく義務の履行をしないときは、相手方は催告の上、本契約を解除し、違約金として売買代金の〇パーセント相当額を請求することができる。

　解除者に生じた損害がそれを上回る場合であっても、違約金を超える金額については請求することはできない。

第11条（白紙解約の特約）

　本契約は任意売却の為、万が一債権者の同意が得られず、第4条の引渡しの日までに、本物件に設定された抵当権を抹消できなかった場合、本契約は白紙解約とする。

第12条（瑕疵担保責任免責の特約）

　第9条の規定にかかわらず、本物件に関して、売主は買主に対し瑕疵担保責任を一切負わないものとする。

第13条（その他）

　甲乙は、本契約に定めなき事項並びに各条項の解釈について疑義が生じた時は、関係法規及び慣習に従い誠意をもって協議解決する。

　以上、本契約の成立を証するため、本書を二通作成し、署名捺印の上、各自一通を保有する。

（不動産の表示）
　＜土地の表示＞
　　　所在　東京都港区××二丁目
　　　地番　3番3
　　　地目　宅地
　　　地積　88.78㎡
　＜建物の表示＞
　　　所在　東京都港区××二丁目3番地3
　　　家屋番号　3番3
　　　種類　居宅
　　　構造　木造瓦葺平屋建
　　　床面積　40.12㎡

平成○年○月○日
　　　　　　　甲（売主）東京都○○区××○丁目○番○号
　　　　　　　　　　　氏名　○○○○　㊞
　　　　　　　乙（買主）埼玉県○○市××○丁目○番○号
　　　　　　　　　　　氏名　○○○○　㊞

条件面で合意ができたら

取引当日までにすべての必要書類を準備しておく

● 取引前にどんなことを確認すればよいのか

　任意売却を行うことについてすべての利害関係人の同意を得た後に、取引を行うことになりますが、事前に以下に挙げる事項について同意できているかどうか、確認しておく必要があります。

・今回の取引の対象不動産（抵当権の解除の対象となるため重要）
・対象不動産の売買金額
・対象不動産の代金の入金に関する条件（金額・入金日・入金方法）
・対象不動産の代金の入金を行う者
・担保解除申請書・同意書・承諾書を所有者が準備すること
・対象不動産に根抵当権が設定されている場合、元本の確定や極度額の減額に関する事項
・今回の合意の有効期限

● 抵当権の解除はいつすればよいのか

　債権者が確実に弁済を受けるためには、不動産の売却代金からの債権回収と、抵当権の解除と登記の抹消手続きを、別々のタイミングで行うのではなく、同時に行う必要があります。

　買受人が抵当権の解除と登記の抹消手続きを先に行うように要請してきた場合には、債権者は原則としてこれを拒み、手続きを同時に行うようにと答えるはずです。これは、債権者が弁済を確実に受けるために必要なことだからです。

　ただし、買受人が一般の個人や企業ではなく、地方公共団体である場合、異なる対応になることもあります。というのも、たいていの地

方公共団体は、先に登記の抹消を行うように指定しているからです。相手が地方公共団体である場合には、債権者が弁済を受けられないという心配はほとんどありませんが、先に抵当権を解除してしまうと、売却によって得た代金に対して、一般債権者から差押えを受ける恐れがあります。債権者は、これを防ぐために、売却代金に質権を設定するといった方法で保全をしておく必要があります。債権者が売却代金を受け取る前に抵当権を解除する場合には、売却代金をどのように保全するか、あらかじめ買受人と債権者の間で合意をした上で、その内容を書面で残しておくことになるでしょう。

● 取引の段取りについて

　任意売却は売買契約の締結、弁済金の支払いと分配、登記の抹消までを同時に行うのが通常ですが、利害関係人が多ければ多いほど、手続きも書類も増えることになりますから、取引をスムーズに行うためには、事前の準備と調整を念入りに行う必要があります。

　特に全利害関係人の同意が得られなければそもそも任意売却を成功させることはできませんから、事前に合意した内容に違えることなく手続きを進める必要があります。

■ 任意売却契約の締結と抵当権の抹消

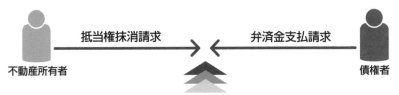

・売買契約の締結、弁済金の支払、登記の抹消は同時に行う（同時履行）
・契約書や登記事項証明書など、必要な書類をあらかじめ用意しておく
・抵当権者は弁済者に領収書を発行する

また、必要な書類がそろっているかどうかも確認する必要があります。書類の不備があると、すべての手続きをその場で終えることができなくなってしまう場合がありますから、注意してください。
　実際に手続きを行う場合には、専門家である司法書士に立ち会ってもらうケースがほとんどですが、たいていの司法書士の事務所は登記所（法務局）の近くにあります。物理的にも手続きをスムーズに行えるメリットがあるため、取引の場所自体を司法書士の事務所で行うケースも多いようです。担当する司法書士に、事前に各利害関係人が準備しなければならない書類を確認しておくとよいでしょう。

● 弁済金の充当について

　根抵当権が設定されていた不動産が売却された場合、代金をどの被担保債権の弁済に充てるのか、という問題が生じます。特に複数の被担保債権があるような場合に問題となります。「どの被担保債権の弁済に充てるのか」を決める権限を充当指定権といいます。この充当指定権は、別段の取り決めをしていない場合には、原則として弁済者が有しています。したがって、充当指定権については任意売却を行う前に、すべての債権者が納得できる順序や方法で充当する旨の特約をつけておいた方がよいでしょう。

● 競売手続き中の任意売却は可能なのか

　競売の手続きに入ってしまっている不動産であっても、競売手続きの進行度合いによっては、取り下げた上で任意売却に切り替えることは可能です。
　ただし、具体的な買受申出人が現れた場合には、無条件で取り下げられるわけではありません。このような場合には、買受申出人の同意を得なければ取り下げることはできないので、注意が必要です。

知り合いに保証人になってもらっているのですが、任意売却した場合、後で保証人とトラブルになることもあるのでしょうか。

保証人がいるようなケースでは、担保保存義務との関係で注意が必要です。

担保保存義務とは、法定代位権者のために担保の保存をすることを債権者に課したものです。法定代位とは、債務者に代わって弁済すること（これを代位弁済といいます）に法律上の利益がある者が、債務者に代わって債務を弁済することで、保証人や物上保証人が法定代位権者に該当します。

たとえば、保証人が代位弁済する前に、任意売却によって債権者が抵当権を解除したとします。任意売却の結果、債権を全額回収することができれば問題ないのですが、多くの場合、任意売却の代金だけでは債権の全額回収には至りません。そこで、残額を保証人に請求することになりますが、保証人が債権者に代わって代位弁済を行った場合、保証人の権利を守るために、債権者が債務者に対して持っていた権利を保証人が行使することができます。

しかし、この時、既に債権者は抵当権を解除していますから、保証人はその抵当権を得ることができなくなってしまうのです。これを認めてしまうと、抵当権が設定されていることを頼りとしていた保証人にとっては酷な話となります。

こうした不都合を回避するために、債権者は任意売却に際して抵当権を解除する場合には、担保を保存しなければならない、とされています。これが債権者の負っている担保保存義務です。

その結果、債権者が任意売却を行って抵当権を解除したとしても、法定代位権者である保証人は、解除した抵当権が実行されていれば本来償還（弁済）を受けられるはずであった金額を限度として、債権者

に対して免責を主張することができるとされているのです。

●担保保存義務免除特約とは

　債権者は担保保存義務を負っていますので、任意売却を行って抵当権を解除してしまうと、保証人の責任が免責され、後になって残債権について保証人に全額を請求できない可能性が生じます。

　これを避けるために、金融機関などの債権者は、保証人や物上保証人と保証契約を結ぶ際には、あらかじめ担保保存義務を免除する特約を結んでいます。担保保存義務免除特約を結んでおけば、仮に任意売却を行うことになっても、金融機関は保証人や物上保証人に対して担保保存義務を負わずにすむのです。

　金融機関は保証人との間で担保保存義務免除特約を結んでいることが多いようですが、任意売却を行う際には、その債務者の保証人に対して改めて担保解除同意書への署名を求めるのが通常です。こういった手続きを踏んでおけば、後で保証人とトラブルになることもないのですが、債務者としても担保保存義務の関係で問題が生じないか債権者に確認しておく必要があるでしょう。

■ 任意売却と担保保存義務違反の主張

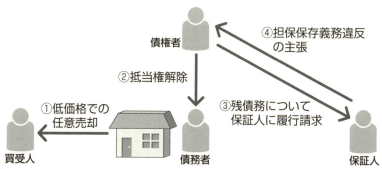

➡ 担保保存義務違反を避けるために、あらかじめ債権者と保証人との間で、担保保存義務違反を免除する旨の特約と、担保解除同意の特約が結ばれることが多い

競売・任意売却のときも税金がかかる

売却時の所得には所得税がかかる

● どんな税金がかかるのか

　通常の不動産売買のときと同じように、競売や任意売却などで不動産を売ったときにも、原則として税金がかかります。売却をすれば、所得を得ることになりますから、譲渡所得税や住民税がかかるのです。
　もっとも、譲渡所得税は、売却によって得られた利益（譲渡益といいます）に対して課せられる税であることから、不動産を購入したときの金額が、売却された金額よりも上回っている場合には、譲渡益は生じていませんから、譲渡所得税を支払う必要はありません。
　では、競売や任意売却により譲渡益が生じた場合、譲渡所得税を支払わなければならないのでしょうか。この場合であっても、所得税法9条に規定された条件に該当するときには、その所得は非課税所得にあたり、その分の税金を納める必要はありません。所得税法9条の条件としては、具体的には、「資力を喪失して債務を弁済することが著しく困難」である場合などが挙げられます。これは、手持ちの資産をすべて手放しても返済しきれないほど多額の債務を抱えており、他に資金調達をする手段もない場合のことを指します。
　課税は所得に対して行われますから、売却金額からその物件を取得するのに必要とした費用、売却のために使った費用を差し引いた金額が実際の課税対象になります。税率は、物件の所有期間によって変わります。所有期間が5年以下であれば、短期譲渡所得といって、税率は所得税と住民税を合わせて39.63％、5年を超えていれば、長期譲渡所得といって、20.315％となるのが原則です。手続きは、税務署から確定申告書が送付されますので、それに記入し、必要書類を用意して申告に

行きます。

● 3000万円の特別控除がある

「譲渡収入 −（取得費＋譲渡費用）＝譲渡益」の算式で不動産を売却して得た利益（譲渡益）を求め、さらにこの譲渡益から、租税特別措置法などによる特別控除額を控除した残額が譲渡所得です。

譲渡益については所得税を納めることが必要ですが、税額を減らす特別な税金控除があります。自分が住んでいる建物（マイホーム）や土地（建物の敷地）を売った場合は、譲渡益から3000万円までが控除されるのです。つまり、マイホームを売却して得た利益が3000万円以下であれば、税金がかからないわけです。また、居住用財産の軽減税率の特例というのですが、マイホームや土地の譲渡益が3000万円以上であったとしても、物件の所有期間が10年を超えている場合には、3000万円を超える課税部分に対してかかる税率が軽減されます。

なお、建物の取得費は、所有期間中の減価償却費相当額を差し引いて計算します。実際の取得費が譲渡価額の5％よりも少ないときは、譲渡価額の5％を取得費とすることができます。譲渡費用とは、売買契約書の印紙代、仲介手数料など、建物を売るために支出した費用のことです。

● 住民税が増え、売却契約時には印紙税もかかる

住民税の計算は、特別の定めがあるものを除き、所得税の計算を基

■ 不動産売却時の税金

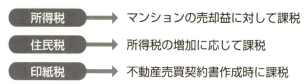

所得税 → マンションの売却益に対して課税
住民税 → 所得税の増加に応じて課税
印紙税 → 不動産売買契約書作成時に課税

礎として計算されます。したがって、建物の譲渡益により所得税額が増加した場合には、住民税も増加することになります。

　また、土地や建物を売った場合に作成される不動産売買契約書には、売買代金に応じた印紙税を納付しなければなりません。任意売却の際に作成される不動産売買契約書についても同様です。売主・買主双方で契約書を作成し、保存する場合にはそれぞれの契約書が課税文書に該当しますので、それぞれの契約書に印紙の貼付が必要になります。

　なお、平成26年4月1日から平成30年3月31日までに作成された契約書については、印紙税が軽減されます。

● 長期譲渡所得の計算例

　実際に、「8年前に購入した不動産の譲渡価額が1億円、不動産の取得費が3500万円、譲渡費用が200万円」という条件で競売や任意売却をした場合の税額を計算してみましょう。なお、本書では、所得税法9条やマイホームの特別控除の条件には該当しない場合として考えることとします。税額は、「課税長期譲渡所得金額×15%（その他、住民税5％および平成49年までは復興特別所得税として所得税の2.1％）」により計算します。

　まず、課税長期譲渡所得金額は、1億円－3500万円－200万円＝6300万円となります。次に、税額は、所得税が6300万円×15％＝945万円(ア)、復興特別所得税が945万円×2.1％＝19万8450円(イ)、住民税が6300万円×5％＝315万円(ウ)となります。よって、税額合計は、(ア)＋(イ)＋(ウ)＝1279万8450円となります。

● 物上保証人と譲渡所得税

　物上保証人が所有している不動産を任意売却した場合、物上保証人は譲渡所得税を支払わなければならないのでしょうか。具体例を挙げて見ていきましょう。

債務者Ａの債務の担保として、物上保証人Ｂがその所有する不動産を担保として提供しているケースにおいて、Ａが債務を返済できなくなったために、Ｂが提供した不動産を任意売却したとします。この場合、売却によって譲渡益が生じていれば、物上保証人Ｂは、譲渡所得税を支払わなければならないのが原則です。

　しかし、そもそもＡの債務の弁済が不可能な状況となったために抵当不動産を任意売却することになったことを考えると、Ｂが譲渡所得税を負担するのは不合理といえるでしょう。また、Ｂはあくまで物上保証人であり、本来債務を負担するのは債務者であるＡですから、Ｂは不動産を失ったとしてもＡに対して求償権（債務者に対し、債権者に支払ったお金を返せという権利）を行使できます。ただ、不動産を任意売却せざるを得なくなったことを考えると、債務者であるＡに求償債務を弁済するほどの資力はないのが通常です。

　このような場合には、ＢがＡに対して取得した求償権を実際に行使することが不可能であることを証明することで、Ｂは譲渡所得税を支払わなくてもよいことになっています。ただし、事前に十分確認した方がよいでしょう。

■ 売却した不動産にかかる譲渡税（原則）

所得期間　短期	所得期間　長期	
5年以下	5年超10年以下	10年超
※3,000万円特別控除あり 税率39.63% （所得税　　　30% 　復興特別所得税　0.63% 　住民税　　　9%）	※3,000万円特別控除あり 税率20.315% （所得税　　　15% 　復興特別所得税　0.315% 　住民税　　　5%）	※3,000万円特別控除あり 譲渡所得6000万円までは税率14.21% （所得税　　　　10% 　復興特別所得税　0.21% 　住民税　　　　4%） 譲渡所得6000万円超は税率20.315% （所得税　　　　15% 　復興特別所得税　0.315% 　住民税　　　　5%）

破産管財人主導での任意売却について知っておこう

破産管財人主導の場合は担保権消滅許可制度の利用も考えられる

● 破産管財人が主導で任意売却を行うことがある

　債務者が破産を申し立てた場合、債務者の不動産を換金化するために破産管財人が主導で任意売却を行うことがあります。

　通常、債務者が自己破産を申し立て、破産管財人が選任されると、債務者の財産は、破産財団に組み込まれ、破産管財人にその処分権限が移行します。破産財団とは、債権者への弁済または配当の原資を確保するため競売などで換価処分される財産の総称のことで、破産管財人の職務は、破産財団を増殖（高値で現金化）し、より多くの配当金を生むことにあります。したがって、競売よりも任意売却の方が、高値で売却できると管財人が判断すれば、裁判所の許可を得て、任意売却を行うことになります。このとき、債務者ではなく、管財人が売主となります。

　なお、債務者が自己破産を申し立てた場合であっても、不動産で担保されている債権の残額が、不動産の時価を上回る、いわゆる「オーバーローン物件」の場合には、破産管財人が選任されないか（「同時廃止事件」）、あるいは選任されたとしても管財人が当該不動産を破産財団から放棄した場合には、不動産の処分権限は所有者である債務者に復帰しますので、債務者自身が任意売却を行うことが可能になります。

● 破産管財人主導での任意売却と通常の任意売却の違い

　では、破産管財人の主導で行われる任意売却は、通常の任意売却とどのような違いがあるのでしょうか。

　破産管財人主導で任意売却を行う場合、まず、売却代金の一部を

「破産財団組入額」として破産財団に組み入れる必要があります。通常の任意売却では、オーバーローン物件の場合、配当を受けることができるのは抵当権などの担保権を設定している債権者に限られます。しかし、破産管財人の職務は、破産財団を増殖させ、1円でも多く配当原資を確保することにあります。そこで、任意売却に協力する代わりに売却代金の一部を破産財団に組み入れ、無担保の債権者、あるいは本来であれば配当を受けることのできない後順位抵当権者へ配当するための原資を確保するわけというわけです。この破産財団組入額の相場は一般的には、売却代金の3〜5％程度ですが、管財人によってはそれ以上を要求してくるケースもあります。

次に、任意売却に同意しない担保権者がいたり、後順位抵当権者などが法外な解除料を要求してくる場合には、破産管財人は裁判所に対し、その不動産に設定されている担保権を消滅させる許可を申し立てることが認められています（詳細については次ページで後述します）。

● 抵当権者が管財人と協力して任意売却を進めていくこともできる

では、具体的な手続きの流れを見ていきましょう。

破産管財人が抵当不動産について任意売却を行う意思がある場合、任意売却の手続きは破産管財人によって進められることになります。

ただし、抵当権者が管財人と協力して任意売却を進めていくこともできます。そもそも抵当権など担保権を有する債権者は、債務者が自己破産を申し立てた場合であっても、破産手続きとは関係なく自由に権利行使ができる「別除権」が認められています。そのため、破産管財人が選任された場合であっても抵当権を実行して競売にかけることで、優先的に債権を回収できるというわけです。ただ、競売は任意売却に比して売却価格が低いことから、管財人によって任意売却された方が抵当権者にとっても好都合であるケースが多く、その場合には、より多く回収できるよう抵当権者が積極的に管財人に協力することも

あります。

● 私的な入札方式が利用されることがある

　破産管財人が主導となる任意売却では、私的な入札方式が利用されることがあります。これは複数の買受希望者を集い、一定期間内に内見をしてもらった上で入札をしてもらい、一番高い金額を入札した買受希望者に売却するという方法です。入札に際しては事前に、最低売却価額や破産財団組入額などについて各債権者の同意を得ておく必要があります。

● 担保権消滅許可制度を使った任意売却もある

　破産財団（86ページ）に属している不動産を任意売却する際に、破産債権者一般の利益に適うと判断した場合、破産管財人は裁判所に対して、その不動産に設定されている担保権を消滅させる許可を申し立てることができます。担保権消滅の許可を得た破産管財人は、不動産に設定されている担保権を消滅させることができます。

　担保権消滅の許可の申立てがあると、すべての担保権者のもとに申立書と対象不動産の売買契約の内容を記した書面が送られます。

　これに異議がある担保権者は、申立書類が送達された日から1か月以内に、担保権の実行の申立てを行った上で、申立てをしたことを証明する書面を裁判所に提出することができます。つまり、破産管財人が担保権消滅許可制度を利用したからといって、各抵当権者は抵当権を実行できなくなるわけではないのです。異議がある場合には、抵当権を実行し、対象不動産を競売にかけた上で債権の回収を図ることもできます。ただ、競売を行った場合、後順位抵当権者などは債権を全く回収できなくなる可能性があります。少しでも債権を回収したい場合には、自分が希望する金額よりも低い額だったとしても、破産管財人の提案する条件に従って解除料を得た方がよいことになります。

このように、破産管財人が抵当不動産の任意売却手続を進める場合には、この担保権消滅の許可を申し立てることも視野に入れて、各抵当権者と交渉を進めることができます。

● 担保権消滅許可制度を利用するケース

破産管財人による任意売却が順調に進んでいる場合には、担保権消滅許可制度を利用する必要はありませんが、各抵当権者との調整がうまくつかない場合には、この制度を活用する必要があります。

この制度を本当に利用しなくても、いざとなったら担保権消滅許可の申立てを行う可能性があることを相手に伝えながら交渉を進めることで、抵当権者が過度の要求をすることを牽制することもできます。

そして、破産管財人からの提案に回答をしない抵当権者や抵当権の解除に応じない抵当権者がいて手続きが進まない場合には、実際に申立てを行って手続きを進めることもできます。

● 民事再生手続きを利用した場合

抵当不動産の所有者が民事再生手続（21ページ）を利用した場合には、破産手続とは異なって、手続きのどの段階であっても処分権限は所有者にあります。ただし、民事再生手続の場合には、裁判所が選出する監督委員の同意を得なければ任意売却を行うことはできません。

また抵当不動産の所有者が特別清算手続（清算中の株式会社に債務超過の疑いがある場合などに申立てを受けた裁判所によって開始される清算手続のこと）を行っている会社の場合には、所有者自身が不動産の処分権限を保持していますが、任意売却を行う場合には、原則として裁判所の許可が必要になります。裁判所が監督委員に対して同意権を与えている場合には、監督委員の同意があれば、任意売却を行うことも可能です。

Column

担保がついていない不動産の処分

　個人事業主が事業を廃業する場合や会社を解散させる場合、事業・会社の財産を処分することになります。

　処分の際に心がけなければならないことは、①漏れ落ちがないようにすること、②なるべく高い値段で処分することです。

　処分する財産としては、不動産、有価証券、自動車、設備などが考えられますが、処分金額が最も大きいと思われるのが不動産です。担保がついている不動産は売却が困難ですが、担保がついていなければ高値での取引も見込めます。登記識別情報（または登記済権利証）、登記事項証明書、公図、固定資産税などの納税通知書といった売却に必要な書類を整え、まず、どの程度の金額で処分できるかを見積もります。

　土地と建物では事情が異なり、土地は、取得した時期が昔であっても、取得金額よりも高く売れる可能性があります。反対に建物は、年月が経つにつれて価値も減りますので、思ったよりも安い値段でしか売れない場合もあるでしょう。

　処分先については、土地や建物が会社の名義のものである場合、社長が個人として会社から購入するのも1つの方法です。ただし、不当に安い価格で購入した場合には、高額な贈与税がかかることになるので十分注意する必要があります。

　工場など特殊な用途にしか用いることができない不動産であれば、同業他社に売却することを試みます。

　処分先が見つからない場合は、処分先の選定から物件の査定、売却までを不動産仲介業者に任せることも考えられます。この場合も、なるべく高い値段で売却することだけは、仲介業者に念を押しておく必要があります。また、処分を急ぐときには、不動産業者に直接購入してもらうことも考えます。ただし、この場合は買いたたかれて、仲介より、20～30％程度は安くなるのを覚悟しなければなりません。

第 3 章
不動産競売と担保権実行のしくみ

強制執行のしくみを知っておこう

強制執行は債権回収の最終手段である

● 借金を滞納し続けると、最終的に財産を差し押さえられる

　借金等の支払いが厳しく、滞納を続けていると、債権者である金融機関から、財産を差し押さえられる危険性があります。これを「強制執行」といいます。ただし、強制執行は、裁判所や裁判所書記官などの国家権力により、強制的に債務者の財産を差し押さえ、競売（強制競売）にかけて、その売却代金から債権を回収するという非常に強力な手段であることから、強制執行に際しては、執行を正当化させる書面の提出が必要とされています。これが債務名義と呼ばれるもので、勝訴判決や仮執行宣言が付された支払督促、執行証書（強制執行ができる旨の文言が入った公正証書）や和解調書等がこれにあたります。

　したがって、支払を滞納したからといって、即座に強制執行が行われるわけではなく、債権者は強制執行に先立ち、訴訟を提起し、勝訴判決等を得る必要があるのです。

　通常、金融機関などは、支払を長期的に滞納されれば、支払督促や少額訴訟、あるいは通常訴訟等の訴訟を提起し、債務者に支払いを要求してきます。債務者が裁判に欠席したり、支払いをしないことに正当な事由がなければ、債権者の言い分が通り勝訴判決がなされ、一定期間の経過をもって判決が確定します。判決が確定したにもかかわらず支払いをせずに放置していると、債権者は判決を基に強制執行を裁判所に申し立てることになります。つまり、強制執行は、債権者にとって債権を回収する最終手段となるのです。

　この強制執行は、差押えの対象となる財産により、①不動産執行、②準不動産執行（登記・登録された船舶・航空機・自動車等）、③動

産執行（宝石や時計、有価証券等）、④債権執行（給与、預金等）の4つに分けられます。

消費者金融などからの借入金の滞納については、債権執行により給与や預金口座を差し押さえることで、債権の回収が図られます。

他方、住宅ローンの滞納については、通常、住宅ローンの担保のため抵当権等が設定された不動産を差し押さえ、競売にかけて、売却代金から債権の回収を図るのが一般的です。ただ、ほとんどのケースが債務名義を要する強制競売としてではなく、担保権に基づき競売がなされます。これを「担保権の実行」といいます。担保権の実行は強制執行とは異なり、事前に訴訟を提起し、その勝訴判決等を得る必要はないことから、手間や時間が省け、必要な場合、即座に不動産を差し押さえることができるという債権者側のメリットがあります。

ここではまず、強制執行の手続きについて見ていくことにします。

強制執行には3つの書類が必要となる

強制執行の申立てに際しては、原則として①債務名義、②執行文、③送達証明書という3つの書類が必要となります。

① **債務名義**

債務名義とは、強制執行により実現されることが予定されている債権の存在や範囲（金額）、当事者（債権者と債務者）を公的に証明し

■ 強制執行の手続き

た書面のことで、わかりやすく言えば、強制執行を行ってもよいと裁判所が許可した文書ということになります。

　債務名義の典型例としては確定判決が挙げられます。当事者間で債権債務という法律関係の有無につき争いがあり、一定の手続きに従って紛争に終止符が打たれ、債権債務関係が明確になったときに、その結果が判決書という文書で残されます。それでも債務者が債務を履行しない場合には、債権者はその文書の内容に即し、裁判所などの国家権力の助力を得て債権を実現することになります。

　ただし、債務名義となり得る判決は「被告は原告に対し金〇円支払え」といったように、金銭の支払いなど一定の行為を命ずる給付判決でなければならず、かつ確定していなければなりません。判決は、債務者が判決正本を受け取った日の翌日から２週間以内に上訴（控訴、上告）をしなければ確定します。

　もっとも、判決主文中に「この判決は仮に執行することができる」という仮執行宣言が付されていれば、確定する前であっても債務名義となり、強制執行を行うことが可能です。

　また、訴訟の途中であっても、当事者双方で話し合いにより和解が成立した場合には、裁判所書記官が作成する「和解調書」も債務名義

■ **債務名義になるもの（主なもの）**

債務名義になるもの	備　考
判決	確定しているものでなければならない
仮執行宣言付きの判決	確定していないが一応執行してよいもの
支払督促＋仮執行宣言	仮執行宣言を申し立てる
執行証書	金銭支払のみ強制執行が可能
仲裁判断＋執行決定	執行決定を求めれば執行できる
和解調書	「〇〇円払う」といった内容について執行可能
認諾調書	請求の認諾についての調書
調停調書	「〇〇円払う」といった内容について執行可能

となり得ます。

　さらに、裁判によらなくても、金銭消費貸借等の契約書を公証役場で作成した場合であって、かつ公正証書中に「債務者が債務を履行しない時は、直ちに強制執行を受けても異議のない事を承諾する」旨の執行受諾文言が記載されていれば、債務名義としての効力が認められます。なお執行受諾文言が記載された公正証書のことを執行証書といいます。

　この他、仮執行宣言付支払督促や調停調書、仲裁判断なども債務名義としての効力を有します。

② 執行文

　執行文とは、債務名義の執行力が現存することを公に証明する文書であると考えておいてよいでしょう。つまり、その時点で執行することを、公に証明している文書ということです。

　そもそも債務名義があると強制執行を申し立てることができます。ただ、それだけで強制執行ができるのかというと、そうではありません。判決が下されたり、公正証書が作成された後でも、債権債務をめぐる状況が変化していないとは限りません。債務者が死亡してしまい、子どもらが債務のことを知らずに相続をしているケースはあり得ます。

　また、会社が合併して別の法人となっていれば、名前の異なった債務名義でそのまま強制執行をすると、問題が生じます。

　このような問題を避けるために、債務名義のまま強制執行する効力

■ 強制執行に必要な3点セット

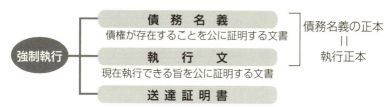

があることを確認する手続きが用意されています。これを執行文の付与といいます。債権者が強制執行を申し立てた時点で、債務名義に執行力があることをチェックしてもらい、それを証明する文をつけてもらうのです。

　執行文の種類には、①通常必要とされる「単純執行文」、②相続などで当事者が変更した場合に必要となる「承継執行文」、③債務名義に記載された債務の内容が条件付きである場合で、条件が成就したことを証明するために必要となる「条件成就執行文」の３つがあります。

　執行文の付与は執行力を証明することなので、証明することができる資料を保有している機関が行います。判決や調書といった裁判所が関与する債務名義については、その事件の記録が存在している裁判所の書記官が行います。執行証書については、その原本を保管している公証人が行うことになります。

　なお、少額訴訟の確定判決や仮執行宣言付判決など簡易迅速な執行を認める必要性が高い債務名義に関しては、執行文は不要です。

③　送達証明

　強制執行手続は、債権者の申立てに基づいて行われます。執行機関が手続きを開始するためには、債務者に債務名義を送達しておかなければなりません（民事執行法29条）。そして、送達という手続きを踏んだことを証明してはじめて強制執行を開始することができるのが原則です。送達を証明する書類のことを送達証明といいます。

　送達（証明）が要求される理由は、債務者にどのような債務名義で執行手続が開始されるのかを知らせ、債務者に防御の機会を与える必要があるからです。つまり、債権者・債務者双方の言い分を聞いて手続きを行うのが適切であると法律は考えているのです。

Q 不動産執行にはどんな特徴があるのでしょうか。

A 不動産執行は、その名の通り、不動産を対象として強制執行（競売や強制管理）を行う手続きです。対象となる不動産の範囲は、土地や建物の所有権だけに限られているわけではありません。地上権（工作物や竹木を所有するために、他人の土地を使用する権利のこと）や永小作権（小作料を支払う代わりとして、他人の土地を耕作または牧畜のために使用する権利のこと）も、不動産執行の対象に含まれています。しかし、地上権や永小作権が不動産に設定されているケースはあまりありませんので、とりあえずは、「通常の土地と建物が執行の対象物である」というようにイメージしておくとよいでしょう。

不動産執行は、対象となる財産の価値が高いため、裁判所において手続きが慎重に進められるという点に大きな特徴があります。したがって、債権執行の手続きと比べると、多くの時間や費用がかかる傾向にあります。不動産執行は、債務者が土地や建物を単独所有している場合だけでなく、対象の土地や建物を複数の人が共有している場合であっても、行うことができます。ただし、この場合、強制執行の対象となるのは、債務者の共有持分の範囲内に限られます。

たとえば、AとBでリゾートマンションを共有している場合に、Aの債権者が不動産執行を申し立てた場合には、Aの持分のみが執行の対象になります。また、Xが死亡し、その所有する土地を2人の相続人Y、Zが相続した場合に、Yの債権者が不動産執行を申し立てたという場合には、Yの持分のみが執行の対象になります。

なお、登記をしていない不動産も、強制執行をかけることができるという点も、合わせて覚えておくとよいでしょう。

不動産執行はどのように行われるのか

申立ての後は、裁判所が手続きを進めていく

● 不動産執行の順序について

不動産はその財産的価値が非常に高く、しかも、利害関係人が多数存在している可能性があります。そのため、不動産を対象とする強制執行（強制競売）では、慎重を期した手続きが予定されています。

● 申立てから始まる

競売は、債権者が管轄の裁判所に対して、申立てをすることから始まります。申立ては、申立書を提出して行います。

裁判所は申立書を審査して、問題がなければ競売開始決定をします。開始決定の正本は債務者に送達されるので、それによって債務者は手続きが始まったことを知ることができます。

● 現状を凍結する

競売開始決定がなされると、対象となっている不動産には「差押え」が行われます。不動産をめぐる法律関係が変動すると手続きが円滑に進められませんし、債務者が債権者の先手を打って不動産を売却して現金化してしまうおそれがあります。

そこで、差押えを行って、その不動産に関する処分を一切禁止するのです。このように現状を凍結しておいてから競売手続に入っていくわけです。

具体的には、裁判所から法務局（登記所）に対して、差押登記が嘱託されます。

■ **不動産競売手続の流れ**

```
┌─────────────────┐
│  競 売 の 申 立 て  │ ・債権者が管轄の裁判所に申立て
└────────┬────────┘
         ▼
┌─────────────────┐
│  競 売 開 始 決 定  │ ・裁判所による審査
└────────┬────────┘
         ▼
┌─────────────────┐
│  登 記 の 嘱 託   │ ・裁判所から法務局に対して、
└────────┬────────┘   差押登記の嘱託
         ▼
┌─────────────────┐
│ 現況調査命令・評価命令 │ ・裁判所から執行官と評価人に
└────────┬────────┘   不動産の調査・評価が命じられる
         ▼
┌─────────────────┐
│  債 権 届 出 の 催 告  │ ・配当要求の終期を公告し、
│ 配当要求終期の定め・公告 │   債権者などに債権の届出を
└────────┬────────┘   催告する
         ▼
┌─────────────────┐
│ 売却基準価額の決定  │ ・評価人の評価によって、
└────────┬────────┘   売却基準価額の決定がなされる
         ▼
┌─────────────────┐
│ 物件明細書作成・備置き │ ・不動産の表示などが記載される
└────────┬────────┘
         ▼
┌─────────────────┐
│  売却日時などの公告  │ ・不動産の表示、売却基準価額、
└────────┬────────┘   売却の日時、場所を公告
         ▼
┌─────────────────┐
│  売       却   │ ・入札または競り売り
└────────┬────────┘
         ▼
┌─────────────────┐
│  売 却 決 定   │ ・売却の許可または不許可が
└────────┬────────┘   言い渡される
         ▼
┌─────────────────┐
│  代 金 納 付   │ ・裁判所書記官が定める期限までに
└────────┬────────┘   買受人は代金を納付する
                     ・買受人は代金を納付したときに
                       不動産を取得する
         ▼
┌─────────────────┐
│  登 記 の 嘱 託   │ ・裁判所から法務局に対して買受人への
└────────┬────────┘   所有権移転などが嘱託される
         ▼
┌─────────────────┐
│  配当期日の指定   │ ・裁判所により配当期日または弁済金の
└────────┬────────┘   交付の日が決められる
         ▼
┌─────────────────┐
│  配 当 手 続   │ ・配当の実施
└─────────────────┘
```

● 調査をする

現状が凍結されると、裁判所は競売に必要な情報の収集を始めます。情報とは、当該不動産をめぐってどのような債権が存在するのかということと、不動産自体にどれだけの価値があるかということです。裁判所は、登記されている抵当権者や仮登記権利者などに対して、期間内に債権の届出をするように催告します。届出によって、申立人の債権以外に、どれだけの債務を不動産が負担しているのが判明します。

さらに、裁判所は、執行官に対して現況調査命令を発し、不動産の占有状態などを調査させ、評価人に対して評価命令を発し、不動産の評価額を鑑定させます。この結果、現況調査報告書と評価書が作成され、裁判所に提出されます。

● 競売をする

裁判所は提出された現況調査報告書と評価書をもとに、不動産の売却基準価額を決定します。そして、売却期日（期間）も決定し、それらの情報を物件明細書として、誰もが閲覧できる状態にします。

これを閲覧して競売に参加することができるのです。競売の方法としては、競り売り方式と入札方式がありますが、現在では、ほとんどが期間内での入札方式（期間入札）が採用されています。競落人が決定し、その者が代金を納付したら所有権登記も移転します。

● 配当をする

不動産の代金が納付されると、いよいよ配当段階に入ります。裁判所は配当期日を指定し、申立人や届け出た債権者たちに対して、配当期日に配当を行うことを通知します。

納付された不動産の代金ですべての債権を満たすことができない場合には、それぞれの債権者に対する配当額は、担保権の優先順位や債権額に応じて決定されます。

抵当権・根抵当権について知っておこう

返済されないときに不動産を競売にかけることができる

● 抵当権とは何か

　抵当権とは、貸金などの債権を担保するために、債務者の土地や建物に設定される権利です。債務者が債務を返済しない場合には、抵当権者（＝債権者）は、抵当権設定者（＝債務者）の土地・建物を競売（担保権の実行）し、その売却代金から債権の回収を図ります。抵当権には、抵当権設定後も債務者が従来通りに目的物を使用・収益することができ、そこから債務の弁済資金を得ることができるという利点があります。抵当権は、「担保の女王」などと呼ばれ、実務上多く利用される担保物権です。担保としての機能が優れているので、実際の取引において最もよく利用されています。

● 抵当権の効力

　まず、抵当権の一番重要な効力が優先弁済権です。これは、債務者が返済しないときに、抵当権の設定された不動産を換価処分（＝競売）して、その代金から他の債権者に優先して債権の弁済を受けられるという効力です。
　さらに、抵当権の登記がなされているのであれば、抵当権の設定された不動産を債務者が第三者に売却しても、その不動産に対する抵当権の効力は第三者のもとにも及びます。
　また、抵当権には物上代位という効力も認められています。これは、抵当権の目的物に代わる金銭にも抵当権の効力が及ぶというものです。
　たとえば、抵当権の目的物である建物が火災により滅失したために、火災保険金が債務者に支払われるとします。このとき、抵当権者はそ

の火災保険金を差し押さえて、自己の債権への優先的な弁済に充てることができます。

● 抵当権の設定と物上保証

抵当権は、貸金債権などを担保するために設定されます。抵当権によって担保される債権のことを被担保債権といいます。

たとえば、AがBに5000万円の貸金債権を持っていたとします。これについて、抵当権を設定するには、AとBが抵当権設定契約を締結して、抵当権設定の登記をします。その結果、Aは5000万円を被担保債権とする抵当権をBに対してもつことになります。

この場合、Bが5000万円を弁済したのであれば、Aがもっていた抵当権は消滅します。以上が、原則的な抵当権の設定手順です。

物上保証とは、債務者以外の第三者が所有する目的物に抵当権を設定することです。たとえば、AがBに対して5000万円の貸金債権をもっている場合に借り手であるB所有の不動産に抵当権を設定するのではなく、第三者Cが所有している土地にAの抵当権を設定することもできます。Cのように他人の債務を担保するために自己の不動産に抵当権を設定させる者を物上保証人といいます。Bが貸金債務を弁済しない場合には、AはCの土地を競売して、その売却代金から自己の債権を回収することができます。

● 抵当権の順位について

抵当権の順位とは、1つの不動産に複数の抵当権が設定されている場合の各抵当権に与えられる順位のことです。そして、その順位は抵当権の登記がなされた先後で決まります。

このような順位が問題となる理由は、1つの不動産に複数の抵当権が設定されている場合、競売がなされた際の売却代金が抵当権の順位に従って各抵当権者に支払われるからです。これを配当といいます。

つまり、配当の優先順位は、登記順位に従って決まるのです。

たとえば、甲土地に第１順位の抵当権（抵当権者Ａ、被担保債権5000万円）、第２順位の抵当権（抵当権者Ｂ、被担保債権3000万円）が設定されていたとします。

このとき、その土地の競落価格が7000万円だとすれば、その金額は、まず第１順位の抵当権者Ａに5000万円が配当され、次に残りの2000万円が第２順位の抵当権者Ｂに配当されます。しかし、Ｂの残り1000万円については、無担保の債権となります。

以上のように、ある不動産に対する抵当権者にとってはその不動産の評価額だけではなく、自分の抵当権の順位も極めて重要となるのです。

● 根抵当権について

根抵当権とは、一定の範囲に属する不特定の債権について、一定の限度額（極度額）まで担保する形式の抵当権です。

通常の抵当権とは、次のような違いがあります。通常の抵当権は、被担保債権が個別に特定されており、その債権を担保するために設定され、その債権が弁済などで消滅すれば抵当権も消滅します。

■ 抵当権の順位

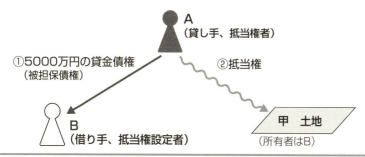

ＡはＢと①貸金契約（金銭消費貸借契約）と②抵当権設定契約を結ぶ。Ａを「抵当権者」、Ｂを「抵当権設定者」、5000万円の貸金債権を「被担保債権」という。

これに対して、根抵当権では、一定の範囲に属する不特定の債権であれば、個々の債権を特定することなく複数の債権を極度額に至るまで担保することができます。さらに、通常の抵当権とは異なり、被担保債権の金額がゼロになっても根抵当権は消滅しません。つまり、根抵当権では、極度額の範囲内であれば、被担保債権の額が日々増減してもよく、たとえ被担保債権の金額がゼロになっても再び増加する限りは、極度額までの担保権として働くのです。

　このように根抵当権は、継続的な取引をしている債権者が債務者に対する債権を一括して担保するのに有益な制度だといえます。

● 根抵当権を設定する

　根抵当権は、債務者に対する債権であれば何でも担保するのではありません。ある「範囲」を決めて、その範囲に属する債権であれば、増減したり入れ換わっても担保されます。

　たとえば、A社とB社が継続的に取引をしており、A社がB社に対して常に売掛金債権をもっているとします。そして、個々の売掛金債権が増減したり入れ換わったりするような場合には、根抵当権の被担保債権の範囲を「平成〇年〇月〇日付継続的売買契約」というように

■ 根抵当権とは

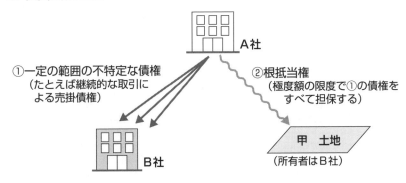

決定し、その契約から生じる債権を被担保債権とする旨を根抵当権設定登記の内容とします。

また、根抵当権は、債務者の不動産に一定の担保「枠」を設定するものですから、担保し得る限度額（極度額）も根抵当権の設定に際して決めなければなりません。

このように根抵当権の設定に際しては、どのような債権が担保されるのか（被担保債権の範囲）、および担保される限度額（極度額）を定める必要があり、これらは根抵当権の設定登記において登記すべき事項とされています。

● 元本が確定すると通常抵当権と同じ

根抵当権は、前述したように債権者と債務者との間で生じる一定の継続的取引に属する債権を極度額に至るまで担保する権利ですが、ひとたび元本が確定すると、抵当権と同様、特定した債権しか担保しなくなります。たとえば、極度額2000万円、債権者からの貸付金が1500万円、既に支払った額が800万円であった場合に、元本が確定すると、700万円の元本と、それに対する利息と損害金が根抵当権により担保されることになります。その後、債権者から追加融資を受けたとしても、当該根抵当権では担保されません。つまり、元本の確定とは、確定された時点で存在する債権のみを担保し、確定後に発生した債権については担保されないことを意味します。元本確定後は、通常の抵当権とほぼ同じ扱いをすればよいことになります。

元本の確定が生じる原因としては、債権者と債務者が予め確定期日を定めていた場合には、その期日の到来により元本は確定します。また、確定期日を定めていない場合でも、債務者は根抵当権設定から3年経過後に債権者はいつでも、元本の確定を請求することができます。この他、債権者が競売を申し立てたときや、債務者が破産を申し立て、開始決定を受けたときにも元本は確定します。

担保権の実行について知っておこう

基本的な手続きは強制競売とあまり変わらない

● 競売の基本的なしくみと2つの意味

　ここでは、強制競売と担保権の実行の違いについて、少し説明します。たとえば、Aさんが裁判で勝訴し、「BはAに対し、金100万円支払え」との判決を得たとしましょう。この場合でもAさんは、Bさんの家に行って無理やり100万円の札束を奪ってくることは原則として許されません。これを法律的には「自力救済の禁止の原則」といいます。Aさんは勝訴判決に基づき、強制執行（強制競売）の手続きを経てやっと自己の権利を実現することができるのです。

　次に、AさんがBさんにお金を貸す代わりにBさんの所有する不動産に抵当権を設定していたというケースで考えてみましょう。この場合でも、Aさんは抵当権を実行する（担保権の実行）ことにより、ようやく自己の権利を実現できます。

　このように、一般に競売といっても法律的には、前述した①強制競売、②担保権の実行という2つの意味があることをまず知っておきましょう。以下では、①の強制競売と②の担保権の実行は明確に区別して記述しますので間違えないようにしてください。

● 強制競売と担保権の実行の違いはどこにあるのか

　では、①強制競売と、②担保権の実行では具体的にどのような違いがあるのでしょうか。

　確かに、強制競売も担保権の実行も、民事執行法という法律の中で規定されています。また、金銭の支払いを目的とする限りでは、双方の制度は共通している部分はあります。

しかし、以下の点で違いがあります。まず、国家の力によって強制的に債権を実現するといっても、強制競売の場合は、債務名義という文書が前提となっています。これは、債権が実在し、債務者が履行しない場合には、それを強制的に実現してもかまわないということを公に証明したものです。
　一方、担保権の実行の前提となっているのは担保権の設定であり、ここでは原則として、当事者間での担保権設定契約が存在しています。もっともポピュラーなものは抵当権・根抵当権といったところです。つまり、判決といった債務名義が前提とはなっていないのです。
　また、両者は手続き開始までの手間も異なります。強制競売には原則として債務名義・送達証明・執行文といった書類が必要になりますから、手続きは簡単とはいえません。これに対し、担保権の実行では担保権の存在を証明する法定文書があれば、手続きを開始することができます。担保権の登記されている登記事項証明書もこの法定文書となりますので、担保権が登記されているのであれば、登記事項証明書の提出で足りることになります。

● 担保権の設定を受けているときには

　不動産を競売にかけて、売却代金から配当により債権を回収する方法は、強制競売（強制執行）だけではありません。もともと不動産について抵当権などの担保権の設定を受けている債権者であれば、担保権の実行としての不動産競売手続を利用することができます。

① 強制競売との違い

　強制競売は、債権者が既に獲得している債務名義を根拠にして、強制的に不動産を売却してしまう手続きでした。
　これに対して、担保権の実行としての不動産競売は、設定された担保権につけられている優先弁済権が根拠となっています。

② 強制競売との類似点

強制競売も担保権の実行としての不動産競売も、結局のところ不動産を競売にかけて売却し、その代金を元に債権の回収を図るという点では同じだといえます。しかも、債権者からの申立てに始まり、差押え→競売→配当という手順も異なりません。そのため、双方とも民事執行法で規定されていて、担保権の実行としての不動産競売の手続きは、強制競売の手続きを準用する形をとっています。
　この2つの競売手続は、もともと別の法律に規定されていたのですが、手続きの統一性を図るために、今では民事執行法で取り扱っています。ここでは強制競売と異なる点について説明します。

● 担保権を実行するための要件

　担保権を実行するための要件として、以下のものが挙げられます。
① 担保権が有効に存在すること
　当然のことですが、担保権の実行としての不動産競売には、担保権が有効に存在していなければなりません。
　第一に、担保権は債権を担保するためにこそ存在する権利なので、前提として、被担保債権が存在していることが必要不可欠です。当初から、債権が存在しないのに、抵当権設定契約が結ばれていたとしても、その抵当権は無効です。
　また、いったん債権が成立していたとしても、その後に弁済されたりしたため、債権が消滅した場合には、抵当権も消滅します。
　もし、被担保債権が存在していないにもかかわらず、担保権の実行が申し立てられると、債務者（不動産の所有者）から異議が申し立てられて、競売開始決定が取り消されてしまうことになります。
　また、被担保債権が有効に存在していても、抵当権自体が有効に成立していなければ実行は許されません。抵当権設定契約が詐欺や強迫などによって締結されていた場合、設定契約は取り消されます。
　そして、実行の申立てをする際に、担保権の存在を証明する書類を

提出します。通常は、担保権の設定に伴い登記がされているはずなので、不動産の登記事項証明書を提出します。

担保権の設定について、登記はあくまでも第三者に対して権利を主張するための対抗要件にすぎないので、登記がなくても実行を申し立てることはできます。

しかし、未登記あるいは仮登記の担保権については、より強い証明力のある証明書の提出が要求されています。つまり、確定判決（不服申立てができなくなった判決）または公正証書の提出が必要なのです。この点については、以前は手続的にかなり緩やかだったのですが、現在では厳格な証明が要求されています。

② 被担保債権が履行遅滞にあること

①の担保権が存在することの前提として、被担保債権が有効に存在していることを述べました。ただ、被担保債権については、有効に存在していればよいというものではなく、債務者が履行遅滞に陥っていることが必要とされます。履行遅滞は、単に債務者が期限を守っていないだけではなく、それが違法であることが必要です。

また、債務が分割払いの形式をとっている場合には、期限の利益喪失約款が問題となります。

たとえば、平成27年5月に、120万円を借りたとします。平成27年

■ 強制競売・担保権の実行

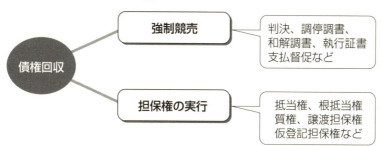

6月から12回払いで毎月10万円を返済し、期限の利益は、返済が2か月滞った場合に喪失するとします。平成27年7月までは、順調に返済していたものの、平成27年8月から返済が止まり、9月も返済をしませんでした。2か月間返済が滞ったため、期限の利益を喪失しました。この場合、期限の利益喪失により、残りの債務額100万円を一括で支払わなければなりません。

分割払いの支払形式をとっている契約では、この期限の利益喪失約款を採用しているケースが非常に多いようです。債務者に全額支払義務が生じるには、債権者によるその旨の意思表示が必要とされている場合と、意思表示は必要なく自動的に生じる場合とがあります。期限の利益喪失により債務者が履行遅滞に陥っている場合には、その旨も申立書に記載して明確にしなければなりません。

なお、根抵当権（特定の取引から生じる多数の債権について、極度額の上限まで担保する形式の抵当権）は、債権者と債務者間に発生する一定範囲の複数の債権を、まとめて担保する機能をもっています。この被担保債権のうちの1つが履行遅滞になったときには、他の被担保債権すべてについて履行遅滞となります。根抵当権は、かなり強い効力を有しているのです。

■ 担保権の実行要件

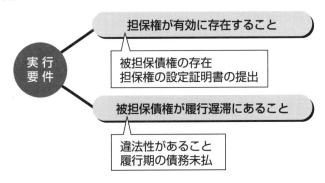

●第三取得者への抵当権実行通知はどうする

　抵当権が設定されている不動産も、売買することは当然できます。そして、第三者に所有権が移転した後でも、抵当権を実行して不動産を競売にかけることはできます。

　ただ、不動産を取得した第三者にも、不動産の所有権を確保する機会を与えるべきだという観点から、以前には、てき除という制度が用意されていました。これは、第三取得者が抵当権者に対して一定の金銭の提供を申し出ることによって、抵当権を消滅させることができる制度です。

　この制度では、第三取得者にてき除の機会を与えるために、抵当権を実行する前に抵当権実行通知をすることになっていました。

　しかし、てき除制度は第三取得者（抵当権が設定されている不動産を取得した者）が濫用することが多く、問題となっていました。そのため、てき除は廃止され、抵当権消滅請求という制度が導入されました。それに伴って、第三取得者への抵当権実行通知も不要になりました。担保権の実行としての不動産競売の申立てにあたって、以前必要とされていた実行通知の証明書も不要になったのです。

■ 期限の利益喪失約款例

第○条（期限の利益喪失）　乙が次に掲げる事項の一に該当した場合には、甲は何らの催告をせず、乙において当然に期限の利益を失わせ、乙は、本契約によって甲に対して負担する一切の債務を直ちに弁済すべきこととする。
①本契約に基づく債務の支払いを１回でも怠ったとき
②他の債務につき仮差押え、仮処分、または強制執行を受けたとき
③自己の振り出した手形、小切手が不渡りとなったとき

5 住宅ローン保証会社の代位弁済について知っておこう

保証会社の抵当権が設定される

● どのようなしくみになっているのか

　住宅ローンの借入れに際しては、銀行などの金融機関との間で締結する金銭消費貸借契約とは別に、金融機関が指定した保証会社との間で保証委託契約を締結するのが一般的です。保証委託契約とは、借主の返済債務を保証することを依頼する契約のことで、依頼を受けた保証会社は、債権者である金融機関との間で保証契約を結ぶことになります。これにより、債務者が住宅ローンの支払いを滞った場合には、保証会社は、金融機関に対し、債務者に代わってローン残額を返済する義務を負うことになります。

　では、具体的なしくみを見ていきましょう。住宅ローンの支払いが滞ると、債権者である金融機関は、支払いを促すために催告書や督促状を送ってきます。これを無視していると、最終通告となる「期限の利益の喪失予告通知」が送られてきます（期限の利益の喪失については60ページ参照）。この予告通知には、いつまでに支払わなければ期限の利益を喪失し、一括返済を請求することや、保証会社に代わりに支払ってもらうこと、および競売手続きなどの法的措置をとること等が記載されています。住宅ローンの滞納から期限の利益喪失までの期間は、3～6か月程度です。この時点で、滞納分全額と遅延損害金を支払えば、まだ住宅ローンを継続させるチャンスはあります。しかし、支払いのメドが立たず、これも放置するようなことになれば、期限の利益は喪失し、保証会社が、債務者に代わってローン残額を金融機関へ支払うことになります。これを「代位弁済」といいます。

　もっとも、保証会社が代わりにローン残額を支払ってくれたからと

いって、債務が帳消しになるわけではありません。代位弁済をした保証会社は、債務者に対し、金融機関に立て替えたローン残額を支払うよう請求する権利（求償権）を取得することになるため、債務者は保証会社に対してローン残額を支払う義務があるのです。しかも、保証会社による代位弁済は、期限の利益喪失後になされるため、以後分割での支払いは認められず、ローン残額を一括で返済しなければなりません。一括返済ができない場合には、保証会社が抵当権を実行し、競売手続きを申し立てることになります。

なお、代位弁済がなされると、債権者は金融機関から保証会社に代わり、それに伴い、不動産に設定された抵当権も、保証会社に移転しますが、抵当権を移転するには時間や費用（登記費用）がかかります。そこで、住宅ローンに保証会社がついているケースでは、抵当権移転にかかるコストを削減するため、あらかじめ保証会社を抵当権者として抵当権を設定しているというわけです。ただし、債務者は保証会社から住宅ローンの借入れをしているわけではありません。そのため、保証会社が抵当権を実行するためには、金融機関へ代位弁済を行い、債務者に対し求償権を発生させる必要があります。

■ 代位弁済のしくみ

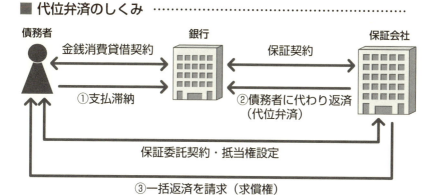

6 住宅ローンが支払えない時の対策について知っておこう

収入の状況をふまえた上で対策を立てる

● 競売で自宅を失わないためにも適切な対応が必要

　住宅ローンを滞納すると、期限の利益を喪失し、最終的には競売が申し立てられ、自宅を失うことになります。そうならないためにも、適切に対処していく必要があります。
　以下では、状況に応じて、考えられる対処方法を説明しています。
① 近い将来、収入が回復する見込みがある場合
　病気やケガ等で仕事ができず、一時的に収入が減った、あるいは失業したが、すぐにでも転職先が見つけられる場合など、近い将来、収入回復の見込みがあるときは、銀行等の金融機関との話し合いで、支払条件を変更してもらう「リスケジュール」という方法が考えられます（リスケジュールの詳細については20ページを参照）。リスケジュールがうまく利用できれば、自宅を失わず、住宅ローンの支払いを継続していくことができます。
② 住宅ローン以外の借金を整理すれば、住宅ローンの支払いが可能な場合
　住宅ローン以外にも複数の借入れがあり、その返済が生活を圧迫している場合には、任意整理や個人民事再生（住宅ローン特別条項を利用した個人民事再生）という手続きを活用することで、住宅ローンの支払いを続けていける可能性があります。任意整理か個人民事再生かの選択基準は、債権者が協力的であるか否かに加え、債務がいくら残っているかによって決定されます。
　任意整理は裁判所を介さない手続きであることから、債権者の協力が絶対要件になります。また、任意整理では、通常３年から５年で

残った債務を返済していくことになります。そのため、住宅ローンの返済額を差し引いて、毎月の返済額を計算し、その額を超えない範囲内であれば任意整理をすることは可能ですが、超過する場合には個人民事再生を検討することになります。たとえばＡさんの残債務額が200万円の場合、任意整理では、毎月最低でも３万4000円の支払いが必要になります。なお、個人民事再生では、Ａさんの返済額の総額は100万円となり、これを３年で返済するのが基本となります。

③ 返済メドが立たない場合

どうしても住宅ローンの返済メドが立たない場合は、任意売却を進めていくことになります。任意売却も競売もともに、自宅を失うということに変わりはありませんが、任意売却であれば、競売よりも高値で売却でき、引っ越し代なども売却代金から支払われる可能性がある

■ 住宅ローンが支払えない時の対策

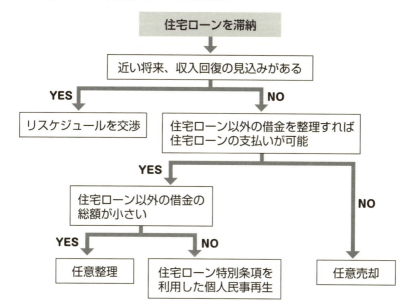

など、メリットも多く、また、売却してもなお債務が残る場合であっても、競売よりも少額ですむ可能性があります。なお、任意売却は競売手続き中でも債権者の同意があれば行うことができます。

● 固定資産税を滞納すると自宅が差し押さえられることもある

　不動産を所有していると固定資産税を支払わなければなりません。
　固定資産税の支払通知は、市区町村から3月頃に送られてきます。原則として、税金は破産をしたとしても、支払義務がなくなりません。また、税金の滞納に対しては、役所も厳しい取立てを行ってきます。滞納が続けば、財産が差し押さえられる危険性があります。
　任意売却を検討している場合、税金の滞納による差押登記がされていると、任意売却自体を行うことができなくなりますので、税金の滞納はできる限り避けるべきです。
　ただ、どうしても支払えない場合には、役所に事情を説明するとよいでしょう。誠意をもって話せば、役所の方でも譲歩してくれることがあります。役所に相談もせずに滞納することだけは避けましょう。
　なお、仮に不動産が差し押さえられたとしても、租税債権に優先する他の債権があるため配当の見込みがない場合には「無益な差押え」として差押えが解除される可能性があります（無益な差押えについては51ページを参照してください）ので、専門家に相談するようにしましょう。

第4章
不動産保有者や事業者のための債務整理の方法

 # いつ借金整理を決断するか

家族や保証人に迷惑をかけるようになったら考える

● 上手に借金整理するには

　借金問題を先送りにすれば、それだけ債務を増やす結果にもなりかねません。そこで、借金整理を始める決断をするときの目安として、どのような点を考慮すればよいか考えておきましょう。

　まず、債務者が個人である場合、配偶者・親子・兄弟・親戚・友人を巻き込む前に決断をする必要があります。住宅ローンなど多額の金銭の借入れに際しては、あらかじめ債務者が返済を滞った場合に備え、連帯保証人等の人的担保を立てるように要求されたり、自宅不動産に抵当権等の担保権を設定されます。これらの担保は、債権者の貸し付けた金銭の回収を確保するための手段となることから、実際に返済が滞るようなことになれば、保証人に請求がいったり、抵当権の実行により自宅を失う危険性があります。そこで、住宅ローン以外の負債が多い場合は、住宅ローン債務を外して任意整理をする、あるいは住宅資金特別条項を利用した個人民事再生という手段を選択することで、住宅ローンの保証になっている家族や共有者に迷惑をかけることなく、かつ自宅を維持したまま借金整理をすることができます。ただ、いずれの場合も住宅ローンの支払いを継続する必要があることから、家族の協力を得ながら、家計収支を見直していくことになります。

　他方、負債の大半を住宅ローンが占める場合は、債務者が破たんすれば、保証人となっている家族などが、債務者に代わり返済を余儀なくされ、多大な迷惑と負担を強いることになります。保証人にも支払能力がない場合は、保証人自身も借金整理をしなければなりませんので、住宅ローンの支払メドが立たなくなった時点で、速やかに保証人

にその旨を話し、一緒に専門家に相談するようにしましょう。

次に、債務者が法人の場合は、今後の支払いができない可能性が高い、あるいは追加融資の見込みが薄いなど、資金が底をつく前に借金整理を検討すべきです。当面の運転資金を確保するため、代表者個人が消費者金融から限度額一杯まで借入れをしたり、親族や友人からの借入れを行うことは、借金をいたずらに増加させるばかりか大切な家族や友人にまで迷惑をかけることになりますので、そうなる前に、専門家に相談し、借金整理を決断すべきです。

● 利害関係のない第三者に相談する

借金整理をするかどうかは、債権者に相談できない性質のものです。債権者は、自分に都合がいいように答えるに決まっているからです。基本的には、利害関係のない第三者（法的な借金整理の専門家である弁護士や認定司法書士など）が適切であることが多いでしょう。

また、親類や友人に相談する場合でも、自分に耳ざわりのよい答えばかりを求めてはいけません。ときには、耳の痛いことでも、アドバイスには冷静に耳を傾けるべきです。

● 事業者の場合には前もって関係者には話しておくこと

事業が思わしくなく、「いよいよ倒産か」という事態になった場合には、事前に家族に状況は説明しておくようにしましょう。支障がなければ有力な債権者や取引先、役員や幹部社員にも、おおまかな事情は話しておくべきでしょう。ただし、先に倒産を知られることでうまくいかなくなる場合もありますので、事業主が置かれている状況や、これまでの取引・付き合いの程度や相手方の特質などいろいろな事情を総合して、今後迎える事態を乗り切って行くには、どうしても協力を仰ぎたいという関係者にだけ、事前に打ち明けておくことが考えられます。

Q 事業を終わらせる際に、何をしておくべきでしょうか。

A 会社を終わらせる際に経営者としてやっておかなければならないことは、利害関係者にできる限り迷惑をかけないことと、処理作業には主体的に関わるということです。

　まず、株主ですが、株主は出資の範囲でしか責任がないのですから、リスクを覚悟していることを前提に対応します。ただ、中小企業の場合は、株主が経営者やその親族、親しい間柄の友人といったケースがほとんどですので、協力が得られることが多いでしょう。

　一方、従業員には、十分な対応が必要です。会社としては、清算せざるを得なくなった事情を丁寧に説明して納得してもらう必要があります。清算について従業員の理解が得られたら、次は解雇の手続きを行います。解雇する場合には、少なくとも30日前に解雇予告をしなければなりません。給料に未払いがある場合には、できるだけ早めに、そして全額を支払うことを考えなければなりません。また、そこまでの余裕はないかもしれませんが、同業他社の求人情報を収集して従業員に提供するなど、再就職についてのサポートを行えれば理想的です。

　銀行などの金融機関は、貸出先の会社が倒産して、貸したお金が返ってこないこともある程度想定しています。借りた側として横柄な態度で対応するのはいけないことですが、できるだけ落ち着いて対応すればよいのです。また、金融機関以外の債権者に対しても、その債権内容に応じて、対応を考えなければなりません。

　いずれにしても、経営者は利害関係者から逃げてはいけません。常に矢面に立って対応する必要があります。これは大原則です。処理作業に主体的に関わるというのは、専門家に任せ切りにしないということです。専門家の作業には常に関与して、経営者の意思を反映させることが必要です。

●どんな専門家に何を相談するか

　会社を終わらせるかどうかの判断で大きな基準になるのは財務です。顧問税理士は、会社の財務を専門家の立場から十分に把握しています。さらに財務以外の会社の実情も知っています。会社を終わらせる際の税務も担ってもらえます。アドバイスを求める専門家として、最初は顧問税理士が最適だといえるでしょう。

　しかし、会社を終わらせるには、利害関係者との調整が必要です。終わらせ方によってはこれら利害関係者との間で法的な手続きが必要なケースもあります。法的な側面から上手に会社を終わらせるための相談には会社法など関連法令に強い弁護士からのアドバイスが必要になります。顧問税理士や弁護士にアドバイスを受け、会社を終わらせる決断をした後は、どの方法で会社を終わらせるかによって、さまざまな専門家に協力を仰ぐ必要があります。この場合は、主体となる専門家を決めるなど、専門家を組織化し、スムーズに仕事を進められるようにするのがよいでしょう。

■ 倒産までのスケジュール

❶ 倒産スケジュールを立てる
　できれば手続きをする3か月くらい前から検討する。
　最低でも1か月は必要

❷ 倒産処理に必要な資金を準備する
　会社の場合、法人の倒産費用と代表者個人の倒産費用がかかる

❸ 関係者に倒産する旨を告知する
　家族や支障がない限り有力な債権者、取引先、役員や
　幹部社員にも事情を話しておく

Xデー
　処理作業に主体的に関わる
　利害関係者にできる限り迷惑をかけない

第4章　不動産保有者や事業者のための債務整理の方法

どんなところに相談すればよいのか

さまざまな相談先がある

● 弁護士会や司法書士会、地方公共団体などの相談機関に行く

　借金整理については、貸金業法や民事再生法、破産法などをはじめとして、ある程度の法的知識が要求されます。やはり一度は専門的な知識を持っている人に相談に行ってみるのがよいでしょう。相談先は、通常は弁護士ということになるでしょうが、知り合いに弁護士がいない場合は、まず、各地の弁護士会や地方公共団体などの相談機関へ行ってみることです。弁護士会は各都道府県にあります。そこでは、借金の整理法についてはもちろん、自己破産の方法についても相談できますし、弁護士を紹介してもらうこともできます。また、法務大臣の認定を受けた司法書士（認定司法書士）であれば、140万円を超えない債務であれば代理人として債権者と交渉し和解することができ、再生や破産についても書類作成人として手続きに関与することができます。弁護士会同様、司法書士会も各都道府県にあり、多重債務の相談や司法書士の紹介も行っていますので、気軽に相談してみましょう。

　個人の自己破産の場合、財産がたくさんあって権利関係が複雑でないようなときには、自分で手続きを進めることもできます。しかし、そうはいってもほとんどの場合、手続きをした経験がなく、なかなか自信はもてないものでしょう。そんなときには、やはり法律の専門家である弁護士等の力を借りることになります。

　法律相談を受ける際に留意すべき点は、現在抱えている借金の件数・額など、すべてをありのままに話す必要があるということです。借主の中には、自分の収入や、毎月の返済可能額を実際より多めに話す人がいますが、これではせっかくの借金整理もすぐに行き詰まって

しまいます。どんなに借金の件数や額が多くても、必ず解決する方法はありますから、ありのままを相談するのがよいでしょう。

なお、相談の際には、①借入先の一覧表、②借金額、③給与明細書、④家計の収入状況のメモなどを持参していくとよいでしょう。

● 借金整理を弁護士や認定司法書士に依頼する場合

借金整理を法律家に依頼する場合に最も気になるのが費用の問題です。破産や再生など裁判所を介した手続きを行う場合、裁判所に納める費用（申立手数料や予納金など）の他、弁護士や認定司法書士に支払う費用が必要になります。弁護士費用については2004年に報酬規定が撤廃されたため、現在は一律の基準は存在しません。ただ、一応の目安として、個人が同時廃止により破産する場合の弁護士費用としては20万から50万円前後が相場とされているようです。

これに対し、認定司法書士の費用は、弁護士費用に比べて低く設定されている場合がほとんどですが、案件によっては予納金が高くつくケースもあることから、一概に認定司法書士に依頼した方が弁護士に依頼するよりも安いとは言い切れません。

また、費用だけでなく、借金整理については個々の法律家によって知識や経験の差が大きくでる分野であることから、何社か比較検討した上で、最も信頼できる法律家に依頼されることをお勧めします。

■ 主な相談先

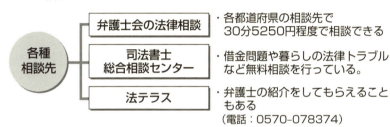

第4章　不動産保有者や事業者のための債務整理の方法

Q ローンで困った場合にはどこに相談すればよいのでしょうか。費用の目安についても教えてください。

A 住宅ローンの返済のために消費者金融などから借金をし、その借金が雪だるま式に増えていく。そのような状況になった場合、できるだけ早く、しかるべきところで相談してみるとよいでしょう。相談先としては、弁護士、司法書士に頼む方法があります。

① 弁護士に相談する

借金整理を頼むと、弁護士からの受任通知が債権者に送られ、債権者の取立てが止まります。その後、弁護士が交渉をするので、債務者としても安心できます。おおよその費用は以下のようになっています。

・任意整理（債権者との話し合いで、借金を整理する方法）

着手金として、債権者一人につき、3万円から5万円程度が必要です。また、交渉により減額された借金額の10％程度を減額報酬として支払うことが多いようです。借入れが長期にわたる場合は、完済していなくても過払い金が発生していることがあります。この場合には回収した過払い金の20％前後（訴訟によって回収した場合は25％前後）を成功報酬として支払うことになります。

・個人民事再生

着手金として、債権者数などにもよりますが、20万円～30万円程度必要なことが多いでしょう。再生計画が認められれば10万円～20万円の成功報酬を支払うことになります。

・破産

着手金として、20万円～30万円が必要となることが多いでしょう。免責が認められれば、10万円～20万円の成功報酬を支払わなければならない場合もありますが、成功報酬は不要のケースも多いようです。

② 認定司法書士に相談する

認定司法書士とは、司法書士のうち、一定の研修を受け、試験に合

格し、簡易裁判所で、訴額が140万円以下の範囲で訴訟代理人となれる人のことです。認定司法書士の多くは債務整理を手がけており、認定司法書士が債権者に受任通知を送ると債権者の取立てが止まります。また、140万円の範囲内で、任意整理をすることもできます。

なお、破産手続開始申立てや個人民事再生の手続開始申立てについては、司法書士は代理人とはなれず、書類作成ができるのみです。

・任意整理

着手金として、1社につき、2万円～3万円が相場で、日本司法書士会連合会が定める指針により、5万円が上限とされています。また報酬についても、上限が決められており、交渉により減額された借金額の10％、過払い金が発生していた場合は回収した過払い金の20％（訴訟の場合は25％）を超えて請求することはできません。

・個人民事再生

書類作成報酬は、住宅ローンに関する特則（住宅資金貸付債権に関する特則）の適用を受けない場合で、20万円弱～30万円程度です。債権者数などによっては増額されることがあります。

・破産

書類作成報酬は、12万円～20万円程度です。ただ、債権者数や事案が複雑な場合、一定額が増額されることもあります。

前述の報酬などはあくまでも例であり、弁護士、司法書士によって報酬体系は千差万別です。結局は、依頼しようとする弁護士、司法書士に報酬体系を問い合わせるしかありません。

法テラス（日本司法支援センター）に、相談するというのもひとつの方法です。ただ、法テラスでは通常、相談内容に応じて、弁護士会、司法書士会などを紹介してもらえるにすぎません。したがって、弁護士または司法書士に依頼したいと思っているのであれば、直接、弁護士会または司法書士会に連絡した方が早いでしょう。

3 借金整理にもいろいろある

自己破産だけがすべてではない

● 引き直し計算で正しい借金額を把握する

　借金整理の前提として、まず正しい借金額を知る必要があります。住宅ローンの場合にはあまり関係ないかもしれませんが、事業で借金を抱えているようなケースでは既に法外な利息を支払っている可能性があるためです。

　引直し計算とは、要するに、取引を利息制限法の利率で計算し直し、利息制限法を超える利息を元金への返済に充てていくことです。この計算により、約定利率（貸金業者と契約した利率）が高ければ高いほど、また取引期間が長ければ長いほど借金額が減り、場合によっては、債務額がゼロになった後も返済をしていたために、過払金が発生していることもあります。過払い金の処理を経て正確な借金額を把握した後に、借金整理を検討することになります。

● 各借金整理法を検討する

　借金を整理する方法は、大きく分けて、裁判所を利用する方法と、そうでない方法とがあります。裁判所を利用しない方法は、一般に任意整理と呼ばれています。裁判所を利用する方法にも、①特定調停、②個人民事再生、③自己破産、というように何種類かあります。

　個人民事再生については、事業者であっても個人事業であれば利用できます（会社など法人の場合には個人民事再生は利用できません）。法人の場合、裁判所を通さない任意整理で対応し、対処できないケースでは事業継続の見込みがあれば通常の民事再生、なければ破産ということになるでしょう（次ページ図参照）。

任意整理や特定調停という方法もある

　住宅ローンの支払いが不可能になった場合には、たいてい、消費者金融からも借金をしているはずです。消費者金融からの借金を整理する場合にも、個人民事再生や自己破産を利用することができますが、他にも方法があります。裁判所を利用した手続きである特定調停と裁判所を利用しない任意整理です。

　特定調停は、お金の貸し借りに限定した民事調停です。調停は、任意整理で話し合いがこじれたり、あまり借金額が多くない場合（債務総額の2％～3％が毎月返済できる程度）に分割返済について話し合う場として利用すると有効です。

　裁判所や調停委員を仲介者として、債権者と債務額や弁済方法の合意に至る制度ですので、特に法律知識がなくても利用することができます。ただ、裁判所や調停委員はあくまでも中立の立場ですから、すべて自分に有利にことが運ぶわけではありません。しかし、通常は、債務額や返済方法に関して、法律的に見て理にかなった結果となりますので、安心してこの制度を利用するとよいでしょう。

■ 考えられる借金整理法

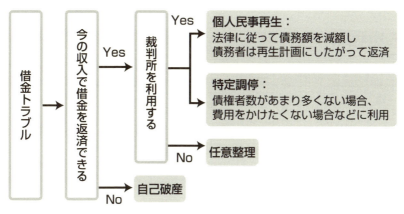

特定調停は、支払不能（弁済能力がなくなったために、支払の期限が到来した債務を一般的・継続的に弁済することができないと認められる状態をいいます）に陥るおそれのある人などが生活や営業の再建ができるように作られた制度であり、簡易裁判所で行われます。

調停が始まれば貸主からの取立は止まります。手続としては、各簡易裁判所で用意している「特定調停申立書」の用紙に沿って、申立人、相手方、申立人の資産、申立人の生活状況といった必要事項を記載するだけですから、誰にでも始めることができます。

調停申立から調停成立までに約3か月ほどかかるのが一般的ですが、費用は、申立時に裁判所に提出する収入印紙代と予納郵券（切手）となっています。印紙代は、借金の額によって異なりますが、わずかな印紙代と切手代ですみますので、任意整理や自己破産に比べると安く利用できる制度といえます。

また、特定調停は、債務者の経済的再生を図ることを目的としていますが、個別の債権者に対する交渉的色彩の強い手続ですから、全債務を整理するということはできません。一部の厳しい債権者を相手にするときは、この道を選択するとよいでしょう。

ただ、調停が成立するためには相手方の承諾・同意が条件ですから、

■ 特定調停手続きの流れ

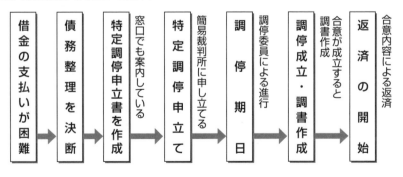

話し合いがまとまらないと意味はありません。この点は任意整理と同じです。

一方、任意整理とは、裁判所などでの法的な手続を利用しないで、債権者と直接に交渉し、利息のカットや返済方法の組み直しなどを交渉することをいいます。任意整理というと、何か決まったやり方があるように思っている人もいるかもしれませんが、そうではありません。債権者と債務者が話し合って、双方にとって折り合いがつけられる返済方法を見つけ出すものです。任意整理では、基本的には債権者の協力のもと、借金を減額してもらうか、返済条件を変更してもらったりします。

任意整理においては、複数の貸主と交渉する必要があります。交渉にはかなりの精神的な負担を強いられる上、交渉能力も必要なので、なかなか債務者自身が行うのは大変です。一定の法律知識が必要なので、弁護士や認定司法書士などの専門家に任せることになります。

弁護士や認定司法書士が債務者から委任を受けて、債権者の同意を取りつけながら借金を整理していく手続きですから、強硬な債権者がいる場合にはなかなか話はまとまりません。一般には債務者の返済能力を考え、3～5年程度で分割払いなどの返済計画を立て、債権者との妥協点を探っていきます。

■ **任意整理手続きの流れ**

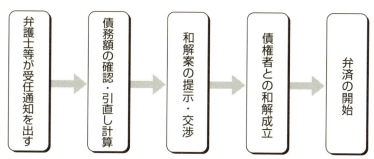

第4章 不動産保有者や事業者のための債務整理の方法

● 個人民事再生について

　任意整理や特定調停は、上手に活用すれば、それなりの効果を発揮する手続ですが、一方で問題点もありました。まず、任意整理は、裁判所を通さないでする話し合いですから、債権者を拘束するほどの強い効力はありません。債権者が話し合いに応じなければそれまでなのです。一方、特定調停は、裁判所を通した話し合いです。債務者の返済計画に債権者が合意してくれればよいのですが、債権者が多数だったり、一部の債権者が合意しないなどの事情で、手続きがうまく進まない場合もあります。

　このような場合には、債務者は個人民事再生を申し立てるのがよいでしょう。個人民事再生は、債務者が破産してしまう前の再起・再建を可能にするための手続きです。具体的には、債権者に、既存の債務の一部を支払い、残りの債務は免除してもらいます。債権者に支払う一部の債務も、債務の返済方法を定めた再生計画に従って、原則として３年以内で支払います。

　住宅ローンがある場合は、再生計画に住宅資金特別条項を設けることによって、住宅ローンについてはこれまでどおり支払いながら（または返済期間の延長や元本猶予などをすることもできます）、他の債務を圧縮して支払うことができ、これにより住宅を失わずにすみます。

　この手続を利用すれば、たとえすべての債権者の合意が得られない場合でも、裁判所の認可を受ければ再生計画に反対する債権者がいても効力が及び、債務者は再生計画に従って返済をしていくことになります。

● 最後に破産を検討する

　任意整理、特定調停、個人民事再生による債務整理を検討したけれども、どうしても借金を返すことができない、という場合には、破産を考えるしかありません。破産とは、簡単にいえば、借金を返せない

状態であるということを裁判所に認定してもらう制度です。債務者自らが裁判所に破産申立をして破産手続開始決定、免責の決定を受けることにより、債務者の負っている借金を免除してもらうのが自己破産です。年収の何十倍もの借金を背負って、どうにもならない人にとっては、まさに究極の借金整理法といえるでしょう。

なお、裁判所から免責許可の決定を出してもらうことで、借金の支払義務を免れます。ただ、弁護士や公認会計士などの一定の資格については、免責決定が確定するまでその資格を使った仕事ができなくなりますので、注意が必要です。

個人民事再生と自己破産

住宅ローンが支払えなくなった場合には、個人民事再生または自己破産を利用するとよいでしょう。個人民事再生は再生型、自己破産は清算型の借金整理方法といわれます。破産をした場合には債務者の財産が清算されるので、自宅を失うことになります。一方、個人民事再生を利用すれば自宅を守ることができます。どちらも裁判所を通した手続きです。

自己破産は、財産を清算し、債権者に支払う制度なので、自宅を失うことになります。そのため、自己破産をすることに抵抗がある人もいると思います。

しかし、自己破産をしてもすぐに家を出て行かなければならないわけではありません。自己破産をすると不動産は競売にかけられることになりますが、通常、買い手が売買代金を支払うまでは住み続けることができます。場合によっては、破産手続開始の申立てをしてから家を出なければならなくなるまで1年以上かかることもあります。自宅を失うのは大きなショックでしょうが、こうした時間を利用して、次に住むところを探し、生活を建て直すことも十分に可能です。

Q 過払い金を返還請求することができる場合とはどんな場合でしょうか。

A 過払い金とは、利息制限法などの法律に従い、正しい返済金額を計算し直したところ、返済し過ぎていたことが判明した金銭のことです。利息制限法の制限を超える利率に基づく利息は、法律上は無効ですから、借主は貸主に対して「払い過ぎになっている分を返してくれ」と請求できます。

このような過払い金が発生する原因は、利息制限法と出資法の定める制限利率が一致していないという点にあります。貸金業法が改正される以前は、利息制限法が定める上限利率（15〜20％）と出資法が定める上限利率（29.2％）との間にある金利は「グレーゾーン金利」と呼ばれ、多くの貸金業者はこのグレーゾーン金利内で貸付けを行っていました。これが過払い金の正体です。その後、平成22年6月施行の貸金業法などの改正により、出資法の上限利率が20％に引き下げられたことで、グレーゾーン金利はほぼ撤廃され、現在行われている貸付ではかつてのような過払い金は発生しないことになります。

しかし、改正後も過去の取引で設定した金利が利息制限法の範囲内の金利に変更されるわけではありませんので、①平成22年6月以前の貸付であり、②利息制限法に定められた利率を上回る金利で貸し付けが行われたもので、③取引期間が5年以上あるものについては過払い金が発生している可能性があります。既に完済されている取引についても、最後の支払日から10年が経過していなければ、過払い金の返還を請求することができますので、専門家に相談してみましょう。借主が法人名義であっても前述の要件を満たせば、返還請求をすることは可能です。

なお、住宅ローンや銀行ローンなど当初から低金利で貸付けを行っているものについては、過払い金は発生しません。

支払不能になっているかどうかを確認する

債務者の財産・職業などケース・バイ・ケースで判定する

● 破産原因があることが破産手続開始決定の条件である

　借りたお金はきちんと返す、これが原則です。返せるものはできるだけ返すという方がいいのです。その意味でも、借金があれば、誰でも破産の申立ができるということにはなっていません。しかし、どうしても返済できなければ、仕方ないでしょう。

　破産手続開始決定を受けるためには、破産原因がなければなりません。破産原因とは、債務者の財産状態が悪化していること、つまり支払不能になることです。

　支払不能とは、弁済（返済）能力がなくなったために、弁済期（支払の期限）が到来した債務を一般的・継続的に弁済することができないと認められる状態をいいます。端的に言って、借金が多すぎて動きがとれなくなってしまった状態をいいます。

● 返済能力がないということ

　「債務者に返済（弁済）能力がなくなった」というのは信用や労力・技能によってもお金を調達することができないことをいいます。債務者に財産がなくても、技術や労力・信用などの目に見えない資産によって弁済を続けることができる場合には、まだ支払不能とはいえません。反対に、債務者に財産があっても、すぐにお金に換えることが困難なために、お金を調達できなければ弁済能力を欠いていることになります。

　なお、債務者の信用によってお金を調達するといっても、別の貸金業者から借りてきて工面したとしても、弁済（返済）能力があるとい

うことにはならないのはいうまでもありません。

一般的・継続的に弁済できないことが必要で、一時的に手元不如意で支払いができなかったとしても、支払不能とはいえません。

さらに、支払不能は債務者の客観的な財産状態を指します。たとえば、債務者が「こんなに生活を切り詰めるのでは、借金の返済はムリだ」と思っているだけでは、必ずしも支払不能とはいえません。つまり、債務者が生活を切り詰めて何とかやりくりしても、なお、返済が難しいということが必要です。

ところで、事業の借金や住宅ローン返済で困っている人が「破産する前に何とか手を打とう」というのが後述する個人民事再生（130ページ）です。そこでは、「支払不能のおそれ」があることが手続開始のポイントになりますから、この支払不能ということは、借金整理を考える上ではひとつのキー・ワードになります。

● 支払不能の判断は難しい

支払不能の判断は、実は、それほど簡単なものではありません。債務者の財産・職業・給与・信用・労力・技能・年齢や性別など、さまざまな事情を総合的に判断して、ケース・バイ・ケースで判定されます。

個人の場合であれば、現在は債務者にめぼしい財産がなかったとしても、将来的には借金を返せるだけのお金を稼げるようであれば、支払不能とは判定されません。逆に、現在はかなりの収入がある場合でも、病気などによって、将来、収入が減ることが確実な場合であれば、支払不能と判定されることもあります。

また、負債の額はそれほどでもない場合でも、さまざまな事情で収入が極端に低い場合には支払不能とされることもあります。たとえば、債務者が生活保護を受けているようなケースでは、総債務額は低額で、しかも債権者の数が少なくても、支払不能とされることになります。

クレジット・カードや消費者金融からの借金である場合には、これ

らの金利は現在では、おおよそ年利15％前後でしょうから、債務総額が350万円〜400万円であれば、毎月の利息の支払いだけでも4〜5万円程度になります。負債がこれくらいになれば、月収18万円程度の会社員の場合であれば、他に特別な財産でもない限り、支払不能の状態にあるといえるでしょう。

　ただ、一応の目安としては債務者の収入や財産・信用などを考慮して、仮に分割払いにしたとしても、おおむね3年〜3年半程度で借金を完済できないと思われる場合には支払不能と判断されます。また、負債総額が毎月の収入の20倍を超えるようになっていることも、一応の支払不能の目安になります。

■ 支払不能の判断基準

- □ 債務総額が月々の収入の20倍を超える
- □ 3年程度で返済するのが不可能
- □ 返済するには新たに高金利の債務を負担しなければならない
- □ 全財産を売却し返済に充てても返済できない
- □ 債権者との交渉で返済方法を緩和してもらっても返済できない

支払不能かどうかを判定するのは裁判所

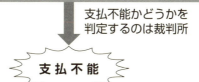

支払不能

ただし支払不能になるかどうかはケース・バイ・ケースで判定される

Q 事業者や住宅ローン債務者で、弁護士や認定司法書士に債務整理を依頼するための費用がないときはどうしたらよいのでしょうか。

　自己破産の申立てなど、債務整理の費用の分割払いに応じている専門家は少なくありませんから、まずは依頼しようとする弁護士等に聞いてみるとよいでしょう。また、弁護士費用を払うのが難しい場合には、民事法律扶助制度というものを利用する方法もあります。これは日本司法支援センター（法テラス）の業務のひとつで、資力の乏しい人が、弁護士や司法書士などの費用の立替を受けられる制度です。資力（世帯ごとの月収や自分または配偶者が所有している財産）が一定以下であれば、民事法律扶助を受けることができます。資力が一定以下であるかどうかの判断の際には、自宅や係争物件は含まれないことになっていますから、不動産を所有している人であっても、この制度を利用できる可能性は十分にあります。さらに、住宅ローンを負担しているような場合には、世帯ごとの月収の条件が緩和されるという措置もあります。

　ただ、民事法律扶助は、あくまでも「立替」ですので、後々、弁護士や司法書士の費用を分割払いで法テラスに返していかなければなりません。月々の返済額は、5000円から1万円が基準ですが、支払が厳しい場合には、それよりも低い額で設定してもらうことも可能です。また、生活保護を受給している方については、立替金の返済が免除される可能性があります。

　なお、制度を利用した場合の弁護士費用や司法書士費用については基準が定められており、一般的には、通常の弁護士費用や司法書士費用より低額だといえます。ただし、法テラスが立て替えてくれるのは、あくまでも弁護士や司法書士費用であり、生活保護受給者を除き、自己破産の予納金については立替えの対象とはなりませんので注意してください。

第5章
自己破産のしくみ

自己破産について知っておこう

自力で解決できなくなったらムリをしないこと

● 破産手続とはどんなことかを知っておこう

　破産手続は多額の負債を抱えて債務者が経済的に破たんしてしまった場合に、その財産関係を清算して、すべての債権者に公平な弁済（配当）をすることを目的とした裁判上の手続きです。

　破産手続の流れは、大きな４つの局面からなっています。
① 　破産手続の開始（破産手続開始決定手続）
② 　配当を受けることができる債権（破産債権）の確定
③ 　配当のもとになる財産（破産財団）の管理・換価
④ 　破産手続の終了（破産終結手続）

　まず、破産手続を開始すべきかどうかを審理・判断するための手続が必要になります。それが破産手続開始決定です。破産手続開始決定の手続は破産申立てによって開始され、調査・審尋の結果、支払不能又は債務超過（法人の場合）と判断されれば、破産手続開始決定がなされます。この決定を受けたときから、債務者は破産者になります。

　破産手続とは、前述した通り、破産者の財産を処分・換価して、債権者に平等に弁済（返済）することを目的とする手続きです。正確には、「破産財団を換価して、破産債権者に配当するための手続き」といいます。この目的を達成するためには、一方で、配当を受けることができる債権はどのようなものか、それが全体としてどれくらいの額になるのかを確定しなければなりませんし、他方で、配当のもとになる財産がどれほどあるのかを確定して、配当するための財源を作らなければなりません。

　このようにして、配当を受けることができる債権（これを破産債権

といいます）とその総額が確定し、配当のもとになる財源が確保できると、最後にその両者をつきあわせて、配当の手続きが行われ、破産手続が終了することになります。

　以上述べたことが、破産手続のいわば本体です。破産管財人主導のもとで進められる手続きですから、これを管財手続あるいは管財事件ともいいます。ただし、債務者にめぼしい財産が残っていない場合、破産管財人を選任して破産手続を進めてみても、破産者には債権者に配当できるような財産は残っていないことが明らかですから、破産手続開始決定だけをしておいて、そこから先の手続には入らないという処理が行われます。この手続きを「同時廃止」といいます（141ページ）。

●「破産手続開始決定＝借金帳消し」ではない！

　破産という手続きは、裁判所による破産手続開始決定によって開始されます。破産手続開始決定は、裁判一般の原則に従い、申立てに基づいてなされます。破産手続は、地方裁判所が担当します。この破産の申立てを受けた裁判所を破産裁判所といいます。

　申立てをすることができるのは、原則として、債権者と債務者です。申立人が債権者（貸主）である場合を債権者破産といいます。

　債務者（借主）自身が破産の申立てをする場合が自己破産です。なお、会社などの法人の代表者が、会社を代表して申立てをする場合も自己破産です。債務者は、自ら破産を申し立てることによって、債権者による個別の権利行使（取立て）にいちいち応じる必要がなくなり、

■ 破産のしくみ

破産申立 → 破産手続開始決定

債権者破産
・財産を公平に分配する
自己破産

再起を図ることに専念できます。

ただし、破産手続開始決定を受ければ借金が帳消しになるかといえば、そうではありません。破産手続開始決定は、債務者に返済能力がないということを裁判所が認めただけのことで、破産手続の入り口をくぐったにすぎません。この段階ではまだ借金の支払義務は残っているのです。同時廃止をする場合であれば、破産手続自体が進められませんから、借金は全額残ります。借金から解放されるには、破産手続に続いて免責手続という別の手続きをとる必要があります。この手続きで免責が認められてはじめて借金はゼロになるのです。結局、債務者が借金から本当に解放されるには、破産手続開始決定に始まる破産手続と免責手続という2つの大きなステップを踏むことが必要なのです。

● 免責が認められない場合とは

会社などの法人が破産する場合には、法人は破産手続が終了すれば、消滅しますから、仮に借金が残ってしまっても免責するという必要はありません。

一方、個人の場合、特に消費者金融などからの借入れや、クレジット・カードの使い過ぎのような「消費者破産」では、免責が認められないというケースはそれほど多くありません。ただし、免責は債務者に立ち直りのチャンスを与え、救済するための制度ですから、その必要がない人については免責は認められません。そこで法律では免責を許さない場合（免責不許可事由）を定めています（188ページ）。

ただ、「免責不許可事由があったら必ず免責不許可になる」というわけでもありません。免責不許可の理由があっても、裁判所の裁量によって免責が認められている例は多数あります（これを裁量免責といいます）。結局のところ裁判官が状況を総合的に判断して、免責の決定をしているわけです。

財産があるかないかで手続きは変わる

財産のない人は同時廃止をする

● 自己破産を申し立てる人の6割程度が同時廃止

　自己破産しようと決意するに至ったような債務者には、既にめぼしい財産は残っていないのが普通でしょう。

　破産手続に必要な費用を捻出できるだけの財産がない場合、破産手続開始決定と同時に破産手続を終結させる破産手続廃止決定がだされます。破産手続の開始決定と同時に廃止決定がなされることから、この手続きを同時廃止といいます。この同時廃止事件は、後述する管財事件とは異なり、破産管財人は選任されませんので、予納金が少額ですみます。現在では、自己破産を申し立てる人の6割程度が同時廃止になっています。

　ただし、個人事業主や会社などの法人の代表者（取締役や代表取締役）が自己破産を申し立てる場合には、たとえ財産が全くなくても同時廃止になることは、ほとんどないというのが実情です。

● 管財事件とは

　これに対して破産者に不動産や株式、預・貯金など多少とも財産が残っている場合、つまり「破産手続に必要な費用を捻出できるだけの財産」があるときには、破産手続開始決定と同時に裁判所によって破産管財人が選任されます。破産手続開始決定の後、管財人が選任され、破産手続が進められる場合を管財事件といいます。

　この場合は、破産者の財産を破産財団という形でひとまとまりにして、管財人の主導の下で、破産財団を処分してお金に換え、債権者に分配する手続きをとっていきます。

なお、破産管財人には、弁護士が選任されるのが通常です。

● 同時廃止するための基準はどうなっている

　同時廃止か管財事件かを振分ける基準は、裁判所ごとで異なっており、統一されているわけではありません。たとえば、東京地裁では破産者が申立時点で現金20万円以上を保持していれば、同時廃止とはならず、原則として管財事件（少額管財）として処理しています。一方、他の多くの裁判所では、破産者に財産がなく、現金99万円以下であれば、同時廃止として取り扱う運用がなされています。

　現金以外の財産については、個別の財産が20万円を超えなければ、同時廃止として処理されることになりますが、個別財産を足した総額がどの程度までであれば同時廃止として取り扱うかは、裁判所によって異なります。ただ、財産のうち一つでも20万円を超えるものがあれば管財事件として処理されますので、各財産の評価額が20万円を超えるか否かを一つの基準とするとよいでしょう。

　なお、不動産を所有している場合は、原則として管財事件となりますが、不動産に設定されている抵当権等の被担保債権額が、不動産の価格の1.5倍を超えるオーバーローン物件の場合は、同時廃止となる可能性があります（前ページ）。申立先の裁判所に確認してみるとよいでしょう。

● 管財事件になったら

　管財事件になるかどうかは、債務者に残っている財産が20万円程度あるかどうかが目安になっています。住宅ローンが残っている家も、家財道具同様、その処分は原則として破産管財人に委ねられ、売却されてお金に換えられる運命になります。

　破産手続開始決定があれば、もはや債権者といえども、破産手続を無視して勝手に取立てをすることは許されません。破産手続開始決定

の前後になされた家財道具などへの差押えも、その効力を失います。破産財団を処分して得られた金銭は、すべての債権者に、債権額に比例した割合で公平に分配されます。この分配手続を配当といいます。

　管財事件になれば、債権者集会（166ページ）が開かれます。債権者に対する配当が終了すると、その旨を管財人は債権者集会で報告し、その集会終了後、裁判所が破産終結の決定を行って、破産手続が終了します。管財事件の場合は、破産手続が終了するまでには、少なくとも１年以上の期間がかかるのが普通です。破産財団に属する財産を売却・処分するのには時間と手間がかかりますから、場合によっては数年かかることさえあります。そこで、破産した場合でも、一般には管財人が家を売却するまで、または競売手続がすむまでは、破産者は自宅に住み続けることもできます。

　なお、いったん、管財事件として手続が進められていても、途中で破産財団（破産者の財産）の価値が減少したりして、破産手続の費用さえ支出することができなくなることがあります。このような場合にも、やはり破産手続を続行することは意味がありませんので、破産手続廃止の決定がなされます。この場合は、破産手続開始決定と同時に手続を打ち切るわけではないので、異時廃止といわれています。

■ **同時廃止になるか管財事件になるか**

3 自己破産するとどんなデメリットがあるのか

同時廃止の場合と管財事件の場合で被る不利益が違う

● 自己破産するとデメリットもある

　破産手続開始決定は、債務者に都合のよいことばかりではありません。さまざまな制限やデメリットがあることは確かです。任意整理や特定調停、民事再生手続などの破産以外の借金整理の手続では、手続を開始したことによって、法律によって当然課せられる制限というのは特にありません。しかし、そうした制限やデメリットも、免責を受けて復権（破産者に生じた資格などの制限をなくし、破産者の法的地位を復活させること）するまでのことですから、しばらくの間辛抱すればすむことです。

　破産手続開始決定がなされると、次のようなデメリットが生じます。

① 　財産の管理処分権を喪失する

　破産手続開始決定を受けて破産管財人が選任されると、破産者はすべての財産に対する一切の管理処分権を失います。自分の財産とはいっても、もはや自分で自由に処理することはできません。

② 　債権者への説明義務がある

　破産者は破産管財人や債権者集会などの求めに応じて資産・負債の状況や破産に陥った事情などについて説明しなければなりません（説明義務）。この義務に違反すると破産犯罪として処罰される他に、免責不許可事由にもなります。

③ 　居住が制限される

　破産者は裁判所の許可を得ないで引越したり、海外旅行など長期の旅行をすることはできません。違反すると免責不許可事由になります。

④ 　破産者の引致

破産者が説明義務を尽くさなかったり、破産手続の妨害をしたりすると裁判所に引致（身柄の拘束）されることもあります。説明義務など破産者に課せられた義務に反すると免責不許可事由にもなります。

⑤ **通信の秘密の制限**

破産者宛の郵便物は破産管財人に配達されるようになります。管財人は受け取った郵便物を開封し、読むこともできます。破産者は自分宛の郵便物であっても、見せてもらうことはできますが、破産者の財産（破産財団）に関係のある内容の郵便物は、渡してもらえません。

⑥ **公法上の資格制限**

破産者は弁護士・弁理士・公認会計士・税理士・公証人・司法書士・行政書士などにはなれません。また、既にそれらの職にある人は免責決定がでるまでは資格を失います。なお、教員や自衛隊員・一般公務員・古物商・薬剤師・医師・看護師・建築士などの職にある人は破産手続開始決定を受けても資格を失うことはありません。

また、選挙権や被選挙権などを失うこともありません。

⑦ **私法上の資格制限**

破産者は後見人や保佐人、遺言執行者などにはなれません。財産管理権を剥奪されているからです。また、会社の役員についても、原則

■ **ブラックリストと信用情報機関**

借主の延滞や貸倒れ、破産などの「事故情報」（ブラックリスト）をチェックします。

第5章　自己破産のしくみ　145

として持分会社（合名会社、合資会社、合同会社）の社員（出資者）になることができません。株式会社の取締役については、破産するといったん取締役としての地位を失いますが、その破産した者を株主総会で再び、取締役として選任することは可能です。

⑧　その他の制限

　破産者は、本籍地の市区町村役場にある「破産者名簿」に登録されます。よく「破産すると戸籍に載る」と言われますがこれは間違いです。そもそも破産者名簿は戸籍とは別のものですし、しかも、非公開ですから第三者が見ることはできません。また、免責許可を受けている場合は名簿に記載されません。もちろん、破産者名簿に登録されているということも、戸籍や住民票には記載されません。子どもの結婚や就職などには全く支障はないのです。ただ、破産手続開始決定を受けたことや、それに伴って管財人が選任されたことなどは官報という政府が発行している広報紙に公告（掲載）されます。しかし、これらの公告を細かく読んでいる人はあまりいませんから、破産したことが親戚や知人に知られるという心配はほとんどないでしょう。なお、個人民事再生手続が開始された場合も官報に掲載されます。

　破産手続開始決定を受ければ、5～7年の間は、信用情報機関の「事故情報」に掲載されます。新たにクレジット・カードを作ったり、金融機関から融資を受けたりすることはしにくくなります。当然、銀行などで新たにローンを組むということも不可能です。

　なお、世間では「ブラックリスト」などと称して、破産者などの信用状態に問題がある人のリストが、さも存在するかのような言われ方がされていますが、これは正しくはありません。

　個人信用情報は、それぞれの債務者単位で整理されているだけで、しかも、そうした情報にアクセスできるのは、債務者本人とその信用情報機関に加盟している金融機関や金融業者に限られています。もちろん、一般に公開されたりはしません。

■ 自己破産するとこんな制限を受ける

1　公法上の資格制限
●資格を喪失する主な職種

弁護士、公認会計士、税理士、弁理士、公証人、司法書士、社会保険労務士、不動産鑑定士、人事院人事官、検察審査員、土地家屋調査士、宅地建物取引業者、公正取引委員会の委員長および委員、商品取引所会員・役員、証券取引外務員、生命保険募集員および損害保険代理店、警備業者および警備員、国家公安委員会委員、質屋、風俗営業者および風俗営業所の管理者、教育委員会委員、日本中央競馬会の役員

2　私法上の資格制限
●民法上の制限

後見人、成年後見監督人、保佐人、遺言執行者になれない

●会社法上の制限

合名会社・合資会社・合同会社の社員については退社事由
株式会社の取締役、監査役については退任事由（ただし株主総会で再度選任することは可能）

3　破産管財人がつく場合の自由の制限
＊財産の管理処分権を失う
＊勝手に転居したり旅行に行けない
＊郵便物は破産管財人に届けられ、開封されることもある
＊財産隠しやウソをつくと身柄を拘束される
＊破産管財人や債権者集会の請求により、破産までの経緯を説明しなければならない

4 保証人が自己破産することもある

債務者本人が自己破産する場合に検討する

● 保証人の責任は重い

　借金の申込みをする際に、借主（主たる債務者）が債権者から保証人をつけるように求められることがあります。ご承知のように、保証人は、借金の返済ができなくなった主たる債務者の代わりに、その借金の支払いをする責任を負います。法律的には、保証人が借主に代わって支払った分は、後で借主本人に返してくれるよう請求（求償）できることになっています。しかし、保証人が返済をしなければならないような場合は、既に主たる債務者には支払能力がなくなっていることがほとんどです。そうなれば、保証人が肩代わりした分は、結局は取り戻すことはできません。

● ほとんどの場合は連帯保証

　ところで、保証人になるということは、他人の債務を保証するということですが、これは、債権者と保証人との間の契約によって成立します。これを保証契約といいます。保証契約は書面（契約書）による合意が必要で、口約束だけでは成立しません。
　保証には通常の保証と連帯保証の2種類があります。
　通常の保証の場合、保証人は、①催告の抗弁権といって、保証人が債権者から請求を受けた場合には、まず主たる債務者に請求するように要求できます。また、②検索の抗弁権といって、保証人が債権者から請求を受けても、まず主たる債務者の財産について執行するように請求できます。
　さらに、③保証人が複数いるような場合には、分別の利益といって、

原則として保証人の数に応じて分割した額についてだけ支払えばよいことになっています。しかし、連帯保証の場合にはこれらの主張は一切許されません。つまり、連帯保証人の場合は、主たる債務者と同じ立場で債権者からの請求に応じなければならないのです。債権者としては、主たる債務者と連帯保証人と、取り立てやすい方に請求することになります。債権者にとっては、同じ保証人とはいっても連帯保証人がいる方が有利ですから、一般に行われている保証は、ほとんどの場合がこの連帯保証です。

● 債務者が自己破産した場合は

このように連帯保証人は、主たる債務者と同じような立場で責任を負うことになるわけですから、結局、保証人になるということは、主たる債務者と同じ借金を自分も負担するようなものといってもよいでしょう。

ところで、もし、主たる債務者である借主が自己破産をして免責を受けたとすると、借主自身は借金から免れることはできますが、連帯

■ 連帯保証とは

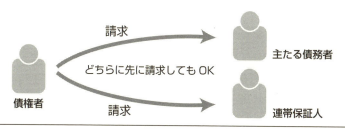

＊保証人と連帯保証人の違い
　保証人には、**催告の抗弁権**（債権者が保証人に請求してきた場合に、まず主たる債務者に請求するように主張できる保証人の権利）と、**検索の抗弁権**（債権者が主たる債務者に請求した後であっても、まず主たる債務者の財産に執行せよということができる保証人の権利）が認められているが、連帯保証人にはこれらの権利は認められていない

保証人は免責されません。

　また、保証人が肩代わりをしても破産者である借主が免責された場合には、保証人が借主から肩代わりした分を取り戻すことは不可能になってしまいます。

　結局、この場合、保証人も支払不能ということであれば、保証人の方も自己破産せざるを得なくなります。つまり、他人の破産に巻き込まれて、自分も破産しなければならないことになるわけです。

● 連帯保証人はどう対応する

　他人の保証人になるということは、大きなリスクを伴うものですから、借主に頼まれたとしても、簡単に引き受けてくれる人はそうはいません。また、保証契約は書面で結ぶ必要があります。ただ、ときには借主が勝手に保証人の印を持ち出して、保証契約を締結してしまうようなことが起こります。もちろん、保証人の全く知らないところで結ばれた保証契約の効力は保証人に及びませんから、債権者から請求を受けても、保証人になった覚えがない場合には、債権者の請求を拒絶することはできます。しかし、このような場合には、債権者もまがりなりにも存在する契約書をたてにとって請求してくるでしょうから、トラブルが訴訟に発展するおそれはあります。

　ところで、借主が自己破産するということを、保証人が事前に知ることができれば、主たる債務者に自己破産することを思いとどまってもらって、保証人が協力しながら、任意整理（129ページ）をするということも考えられます。しかし、この場合は、保証人にもある程度の資力があることが必要になります。また、保証人自身も、自己破産ではなく、任意整理や特定調停（127ページ）などの破産以外の手続きで保証債務を整理するという手段をとることも可能です。

　ただ、保証人としても、どうしても支払いが不可能な場合には、やはり自己破産するしかありません。

保証人がいる債務者はどうすべきか

このように、連帯保証人には、ときとして大きな迷惑をかけることになりますから、連帯保証人がいる債務者が、自己破産の申立てをするときには、必ず保証人にも相談するようにしましょう。

どうしても保証人に迷惑をかけたくない場合は、任意整理という方法を選択することが考えられます。任意整理では保証人がついた債務を整理の対象から外すことで、他の借金を整理することができます。

また、住宅ローンに保証人がついているときは、住宅資金特別条項を利用した個人民事再生（190ページ）を選択することで、保証人に迷惑をかけずに借金整理をすることができます。ただし、両者とも債務者にある程度の返済能力が必要であり、返済能力がない場合は、自己破産を選択せざるを得なくなります。その場合でも、自己破産申立前に、所有不動産を任意売却すれば、競売よりも高値で売却できるため、残債務がある場合でも保証人への負担を軽減させられる可能性があります。

一方、保証人に返済能力がない場合、債務者が自己破産すれば、保証人は一括返済を請求され、支払ができない場合は給料等を差し押さえられる危険性も生じてきますので、保証人自身の借金整理も必要になってきます。そこで、保証人のいる債務者は、自己破産を申し立てる前に、必ず保証人に相談すべきです。保証人に無断で自己破産してしまえば、その後に保証人にふりかかる迷惑ははかりしれません。

他人の保証人になったばかりに、人生を狂わせてしまった人の話はよく聞きます。現に、保証人になったがために、自己破産に追い込まれるというケースは、最近増えているようです。保証人になることを他人に依頼することは、その他人も自分の借金問題に巻き込むことになるわけですから、よほど慎重でなければなりません。債権者から連帯保証人を立てることを要求される段階になってきたら、借金整理を考える潮時なのです。

⑤ 申立前にどんなことを準備しておくべきか

たとえゼロでも自分の資産状態を書類に整理しておく

● 事前の準備も必要

　破産の申立てをしようと決意したとしても、何の準備もなくいきなり裁判所へ行けばよいというものではありません。また、弁護士や司法書士に相談するにしても、それなりの準備は必要です。

　まずしておくべきことは、自分の借金の実態を正確に把握することです。それには、債権者と債務額の一覧表を作っておくのがよいでしょう。後に、破産手続開始決定申立てをする際にも、裁判所から債権者一覧表の提出を求められますから、あらかじめ調査しておく必要があります。ただ、自己破産を申し立てる人のほとんどが多重債務者であることから、債権者の数が多く、また、最初の借金のときから数えても、相当の年月が経過しているはずです。その間に、多くの金融業者から借入れをしたり、一つの金融業者から何回も借入れをしたりするなど、記憶があいまいになっている場合があると思います。ひょっとすると、現在いくら負債があるのかさえはっきりしなくなっているかもしれません。借入れ当時の事情などを思い出しながら、あいまいになっている自分の債務情報（借金の現状）を、できるだけ正確に集めることが必要です。胃が痛くなるような辛い作業かも知れませんが、なんとかやり抜かなければなりません。

　借入先である金融業者・信販会社などについては、営業所名・所在地・電話番号など、わかる限りの情報を書き出しておくようにします。債権者が発行したカードや契約書・借用書・領収書・督促状など、集められる一切の情報を集めます。銀行振込の控えなども必要でしょう。集まった書類は、後に裁判所から提出を求められるかもしれません。

家族や親戚・知人などからも借り入れている場合は、これらについての情報も集めておきます。また、連帯保証人になってもらった人はいないか、逆に、自分が誰かの保証人になってはいないか、ということも確認しておきます。さらに、担保に入っている動産や不動産はないかも調べておきましょう。

　後に裁判所に提出することになる債権者一覧表に、意図的に一部の債権者を記入しないなどということがあると、後々面倒なことになります。

　また、場合によっては免責が受けられないことにもなりかねません。もし、いくら支払ったのか、いつ借りたのかなど忘れてしまったことがある場合には、その点は保留にしておいても、とにかくその時点でわかることだけをハッキリさせておきましょう。

■ 債務情報をうまく整理する方法

① 消費者金融・クレジット会社が発行したカード・契約書・借用書・領収書・督促状、または郵送された一切の書類をできる限り収集して整理する

② 借金総額、債権者とその数を把握する。
①　いつ頃　②　どこから　③　いくら借りたか　④　現在の残高
⑤　月々の返済額などを一覧表に記載する

③ 家族・親戚・知人などからの借入金も記載する。負債の中で、誰かが連帯保証人、また逆に本人が誰かの連帯保証人となっていれば、そのことも記載する

④ 担保に入っているもの（不動産など）の有無を確認する

⑤ 経歴・職歴・収入の状況・家族関係・生活費の負担・家賃なども整理する

● 今どれだけの財産があるのか

次にしておくべきは、自分の資産を把握することです。

自己破産には、「同時廃止」と「管財事件」という手続き内容や費用が異なる2つの手続きがあります。両者を振り分ける基準は、現金99万円（東京地裁の場合は20万円）を除き、20万円以上の財産を保有しているか否かが一応の目安となります。この財産には、不動産や自動車、宝石や有価証券のほか預貯金や保険の解約返戻金、退職金の見込額の1/8の額などが含まれます。これらの中に資産価値が20万円を超えるものが含まれている場合には管財事件として取り扱われ、破産手続き開始決定と同時に破産管財人が選任されることになります。

ただし、自動車や不動産を所有しているからといって、すべてが管財事件になるとは限りません。自動車の場合、国産車であれば初年度登録から6年（軽自動車は4年）以上経過していれば、資産価値がないとみなされ、査定表の添付も不要になります。また、不動産であっても、被担保債権額が不動産を処分して得られる価格（時価相当額）の1.5倍を上回っている場合などは、いわゆるオーバーローンとして同時廃止事件になる可能性があります。

なお、20万円以上の財産を保有していなくても、個人事業主が破産する場合は、財産状態の把握が難しく、利害関係人が多数存在することから、原則として管財手続きが取られることになります。

● 支払いのないように手を打つ

さらに、借金の返済方法として銀行などの自動引落を利用している場合には、口座を解約するなり残額をゼロにしておきます。そのままにしておくと、破産の申立てをした後でも、引落期日がくれば口座からはどんどん引き落とされてしまいます。銀行から借入れをしていると、預金と借入金とを相殺（つまり、対当額で清算すること）されてしまうこともあります。破産を申し立てると決めたら、これらの口座

はすぐに解約してしまうか、引き出して残額をゼロにしておくのがよいでしょう。

　いわゆる総合口座などで定期預金を担保とした自動貸越がセットになっている場合や、銀行ローンがあるときには、それらの定期預金も解約します。口座を解約するか残額をゼロにしてしまうと、電気・ガス・水道・電話などの公共料金を自動引落しにしている場合には、これらについての支払いも行われなくなります。もちろん料金滞納が続けば、電気やガスなども止められてしまいますが、請求書が送られてきてから銀行やコンビニでも支払いはできます。

　なお、給与や売掛金などの入金がある場合は、それらの振込先を別の金融機関に変更するか、現金で受け取るようにすればよいでしょう。

● 予納金や専門家への依頼費用の工面をする

　最後に、予納金や弁護士費用などの工面をします。費用が工面できない場合は、法テラスの法律扶助を利用すれば弁護士費用の立て替えをしてもらえることがあります。ただし、予納金については生活保護を受給していない限り、扶助を受けることはできません。予納金については156ページで解説します。

■ 債務情報整理シート

NO	借入先名	最初の借入月	最初の借入額	カード番号	借入残高	物販(商品)代金	借入先住所	電話番号	保証人、担保の有無
1									
2									
3									
4									
5									

裁判所への申立てにかかる費用はどのくらいか

印紙代、予納郵券、予納金がかかる

● 印紙額・予納郵券・予納金がかかる

　多額の借金に苦しんでいる人にとっては、自己破産の申立手続自体にかかる費用は、少なければ少ないほどよいというのが本音のところでしょう。実際、裁判所に納める印紙額・予納郵券（切手）・予納金は、そんなに多額ではありませんが、それでも大きな借金を抱えた人には簡単に捻出できる金額でもありません。そこで裁判所に対して、自己破産の申立てをすると最低限どのくらいの費用がかかるのかを具体的に見ていきましょう。収入印紙は、破産申立書に貼ります。印紙額は1500円です。予納郵券（切手）は、裁判所が申立人や債権者に各種の通知をしたりするのに必要な切手をあらかじめ納めるために必要です。予納郵券の金額は各地方裁判所によって違うので管轄裁判所の破産部の窓口に問い合わせるとよいでしょう。

● 予納金の納め方について

　破産の申立てをしたら、裁判所から指定された予納金を納付しなければなりません。予納金とは、裁判所に破産手続を進めてもらうために必要な費用のことです。これは申立人が申立てに際し、裁判所から渡された用紙に必要事項を記載し、指定された窓口で現金で支払うことになります。ただし、郵送で申立てを行う場合は、後日の振り込みとなります。なお、管財事件の場合は、予納金額が高額となることから、裁判所によっては分割での支払いが認められることがあります。
　この予納金の支払いを怠ると、破産手続開始決定が却下され、破産手続き自体が行うことができなくなりますので、必ず支払うようにし

ましょう。

① 管財事件の場合

　管財事件（163ページ）になれば、破産管財人が破産手続を進めるわけですが、そのためには手続きに要する費用や管財人の報酬が必要になります。予納金は、このような破産手続の費用や管財人の報酬などの支払いにあてられるわけです。予納金の額は借金の総額によって異なりますが（159ページ下の表の東京地裁の場合を参照）、個人の自己破産の場合でも、最低50万円はかかると思っておいた方がよいでしょう。

　なお、債務者の財産自体がかなり少額である場合もあります。残っている財産がそれほど多くない場合、管財事件になると、債務者にとっては予納金は相当な負担となり、場合によっては、予納金が用意できないために管財人を選任することができなかったり、手続が難航するケースも多くあります。そこで、東京地裁を始め大阪地裁など多くの裁判所では、このような場合に備えて、少額管財事件という特殊な取扱いを行っています（次ページ）。申立先である裁判所が少額管財を運用しているか事前に確認してみましょう。

② 同時廃止の場合

　同時廃止（債務者に破産手続費用をまかなえるだけの財産がない場合）になれば、破産手続開始決定と同時に破産手続そのものが終了し

■ 自己破産・免責申立に必要な手続費用（東京地方裁判所の場合）

	自己破産（管財事件）申立費用	
	法人の破産	個人の破産
収入印紙	1000円	1500円 （破産申立て分：1000円、免責申立て分：500円）
予納郵券	4100円（債権者申立および大規模な法人の破産（特定管財事件）の場合は1万4100円）。ただし、債権者が多い場合、追加での予納郵券の支払を求められることがある	

ますので、破産手続の費用や管財人の報酬は不要です。しかし、この場合でも、官報への公告費用など、若干の費用がかかりますから、その分を予納金として裁判所に納めておく必要があります。同時廃止の場合の予納金は、東京地裁の場合ですと、1万584円となっています。

● 裁判所に納める予納金が手もとにないときは

　背負っている借金の額に比べれば少ないとはいえ、予納金を納めることは、自己破産をする者にとっては一苦労です。どうしても調達できないときは、信頼できる家族や知人などに事情を話して借りるしかありません。また生活保護を受給している場合は、法テラスで法律扶助を受けることができます。間違っても消費者金融などから新たに借金をして予納金を納めるということは、絶対にしないようにしましょう。破産申立をすることを前提に貸金業者からお金を借りることは、事実上、業者をだますことにもなるわけで、免責の決定を判断する際にも当然問題とされます。

● 予納金が安くすむ

　少額管財とは、これまで多額の予納金が必要だった管財事件の手続費用を少額化して、しかも手続の迅速及び費用の軽減を図った制度です。東京地裁が始めた制度で、現在では多くの裁判所が少額管財の運用を行っています（各裁判所によって呼び名や予納金の額等が多少異なります）。

　破産手続にかかる予納金の金額は、各裁判所においても違いがあり、しかも、予納金は必ず裁判所に納める義務があります。もし破産者に多少とも財産があって、管財事件になった場合には、同時廃止のときには1万円程度ですむ予納金が、50万円から150万円と、債務額によってはかなり高額になり、経済的負担は大きくなります。そこでこの少額管財を利用すれば、予納金は20万円程度でよくなります。少額

管財手続の対象は、自己破産申立事件で、管財人をつける必要のある事件です。負債総額の大小や不動産があるかどうかは問いません。ただし、代理人として弁護士がついている破産申立事件に限ります。少額管財手続の申立ては、受任した弁護士が行います。東京地裁を例に流れを説明すると、申立当日に、予納金を納める前に審尋（審問）を受けることができます。このとき、債務者本人は同行する必要はありません。その他、収入印紙代と予納郵券を申立時に納めます。

予納金の納入は、破産手続開始決定の審尋の後で納めることも可能です。審尋が終われば、裁判所から管財人候補者と第1回債権者集会の開催日について連絡があります。この間、代理人弁護士が管財人候

■ 破産管財人が選任される場合の予納金の額（東京地方裁判所の場合）

① 少額管財事件の場合

	法人少額管財	個人少額管財
予納金	最低20万円～	最低20万円～
官報掲載費用	1件につき1万3197円	1件につき1万6550円

※少額管財事件でも、業務の程度や処理の難しさといった事情によって20万円以上の予納金が必要になるケースはある

② 本人申立てや債権者申立てによる破産の場合

借金総額　円	法　人	個　人
5000万未満	70万円	50万円
5000万　～　1億未満	100万円	80万円
1億　～　5億未満	200万円	150万円
5億　～　10億未満	300万円	250万円
10億　～　50億未満	400万円	400万円
50億　～　100億未満	500万円	500万円
100億円～	700万円～	700万円～

※弁護士をつけない本人申立事件や債権者が申し立てる事件、少額管財事件とならない事件については、②の表が適用される
　予納金の金額はあくまで目安であり、たとえば5000万未満の法人の破産でも事件の内容によっては、70万円以上の予納金の支払を求められることはある

補者と連絡をとりあって、手続の準備を進めます。破産手続開始決定は審尋した日の翌週の水曜日午後5時付けで宣告されます。

　手続にかかる期間は、原則として2か月で、後に指定される第1回債権者集会までに換価を終えて事件を終局させることになっています。

● 法人少額管財手続のしくみ

　法人およびその代表者が自己破産する場合に、できるだけ手続を簡素化して迅速に行い、管財事件にかかる時間と費用に関する負担を少しでも取り除こうという制度です。東京地裁を始め多くの裁判所で運用が行われています。対象になるのは、ほとんど資産がないか、若干の換価業務が予想される法人とその代表者およびその親族です。ただし、これも弁護士が代理人となって申立てを行う事件に限ります。予納金は、負債額にかかわらず、また法人と代表者について一緒に申立てを行っても20万円程度ですみます。ただし手続きが煩雑な事件については予納金の上乗せを要求されることがあります。

　手続きにかかる期間は、原則として3か月で、後に指定する第1回債権者集会までに換価を終えて事件を終局させることになっています。

■ 少額管財手続の流れ

①少額管財の申立て
　◆依頼した弁護士が行う

②審尋
　◆裁判所から管財人候補者と債権者集会日時の連絡がある
　◆代理人弁護士が管財人と連絡をとりあって、手続を進める

③第1回債権者集会・免責審尋期日
　◆原則として第1回債権者集会で終結する免責審尋期日も兼ねる

自己破産する際の手続きを知っておこう

3つのチェック・ポイントがある

● 自己破産の手続きの流れ

まず確認ですが、債務者が借金から解放されるには、破産手続の他に免責手続が必要でした。そこで、晴れて再起のときを迎えるまでには、大きく分けて2つの段階を踏むことになるわけです。

check 1 　破産手続開始決定

自分の住所を管轄する地方裁判所に破産手続開始の申立てをすることから始まります。破産手続開始の申立てにより免責の申立てもしたものとみなされます。申立てを受けた裁判所は、申立てが適法かどうか、費用の予納があるかなど手続に不備はないかを調べ、さらに債務者に破産原因があるかどうかを調べます（破産原因とは債務者が支払不能になっていることを指します）。債務者に対しても裁判所への出頭を求めて非公開の審尋（審問）を行います。審尋を経て、債務者に破産原因があると認められると破産手続開始の決定が出されます。

check 2 　管財事件か同時廃止か

破産手続開始決定を受けたとしても、それはまだ破産手続の入り口をくぐったにすぎません。ここで、債務者にある程度の財産があれば、管財事件となります。そうでなければ同時廃止です。ここにひとつの分かれ道があります。管財事件となれば、破産管財人が選任され、以後は、債権の確定から破産財団の換価・配当という本来の破産手続になります。配当が完了すれば破産手続は終了しますが、それでも残ってしまった借金から解放されるには、免責手続が必要です。なお、破産者が会社などの法人の場合は、免責は問題になりません。

また、いったん、管財事件になっても事情によっては破産手続が途

第5章　自己破産のしくみ

中で廃止されることもあります（異時廃止）。

check 3　免責手続

　管財事件にならないで同時廃止の決定がなされた場合、または、いったん管財事件になっても、後に破産手続が廃止された場合には、免責手続をしなければなりません。特に、個人の債務者の場合には、破産手続以上に、免責手続の方が重要であるともいえます。免責により、債務の支払責任が免除されることになります。破産の決定後、裁判所による債務の支払義務を免除する旨の決定を「免責許可決定」といいます。免責されることにより復権（187ページ）して破産者ではなくなります。免責の確定までの手続は①免責許可の申立て（破産手続開始の申立てと一体）②免責の審理、③免責許可の決定、④免責の確定の手順でなされます。

■ **免責許可の申立てから免責決定まで**

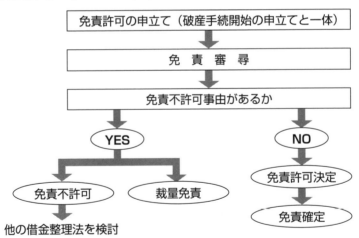

※破産法で定める免責不許可事由があっても、裁判所が免責相当と判断した場合には免責の決定がなされる。これを裁量免責という。会社代表者個人の破産については裁量免責が行われることがある。

破産管財人が選任されると管財事件になる

破産管財人によって財産の分配が公平に行われる

● 管財事件になる

　申立人に、配当すべき財産や不動産がある場合には、裁判所は破産管財人を選任して、破産者の財産の換価・配当という手続きをとります。この手続きが本来の破産手続です。このように破産管財人が選任される場合を管財事件といいます。ただ、個人の自己破産の場合は、ほとんどが同時廃止になりますから、実際に管財事件になる場合はそれほどありません。また、管財事件になったとしても、東京地裁の場合などは、多くの場合、少額管財事件として特殊な取扱いがなされます。管財事件は、通常、次のような手続きで進行していきます。

① **破産管財人の選任**

　破産管財人は、破産手続において破産者の財産の管理・処分を行う機関です。管財人に選任されるのは、ほぼ例外なく弁護士ですが、選任は裁判所が行います。破産管財人が選任されると、破産者の財産を管理・処分する権限はすべて管財人に移ります。管財人は、破産者の財産を迅速・正確に調査して、すべての債権者に公平に分配できるように手続きを進めていきます。

② **債権届出期間の決定**

　裁判所は、破産手続開始決定と同時に債権届出期間を定めます。債権者は、この期間に債権を届け出ることによって、破産債権者となり、債権者集会で議決権を行使できるようになります。

③ **第1回債権者集会の期日の指定**

　破産手続では、重要な事項には破産債権者の決議が必要とされています。債権者の意思を尊重し、公平を図るためです。そこで、財産状

況などを債権者に報告する場として、第1回の債権者集会は重要な意味をもっています。原則として裁判所は破産手続開始決定と同時に第1回債権者集会の期日を指定します。

④ **債権調査期間の決定**

債権調査期間の決定も破産手続開始決定と同時になされます。債権調査手続において、債権の存在や額・順位などを確定し、将来、債権者に配当するために準備がなされます。

⑤ **破産財団の換価・配当**

破産者に残っている財産は破産財団という形にひとまとまりにされ、やがて売却されお金に換えられます。破産管財人は、裁判所の監督の下、破産財団に含まれる財産を現金にして、債権者に分配する準備をするのです。

破産管財人は、届け出ている債権者に債権額に比例して、順次分配していきます。これを配当といいます。債権者A・B・Cの3人がそれぞれ100万円：200万円：200万円（＝1：2：2）の債権を持っている場合に、分配できる金銭が100万円しかなかったとすると、A・B・Cの取り分はそれぞれ20万円：40万円：40万円（＝1：2：2）となります。こういう分け方を按分比例といいます。

配当が終了することで、破産手続は終了します。

● 破産債権を確定する

破産手続は、債権者への配当（弁済）を目的とする手続ですから、破産者に対してどれだけの債権があるのかを確定しなければなりません。その手続きとして、債権の届出と債権調査というものがあります。

債権者は、裁判所が指定した債権届出期間内に、自分の債権を届け出なければなりません。この期間は公告され、また、判明している債権者には通知されます。届け出られた債権については、裁判所書記官が「破産債権者表」を作成し、債権表のコピーが管財人に渡されます。

債権を調査する期日（債権調査期日）には、届出のあった債権について、債権者の氏名・住所、債権の額および原因、優先権や別除権（抵当権など一般の債権に優先して競売などによって回収を図ることのできる権利）など注意しなければならないことはないか、などを調査します。また、管財人は、届け出られた債権の中身が真実かどうかを、調査期日までにチェックしておきます。

■ 法人の破産手続

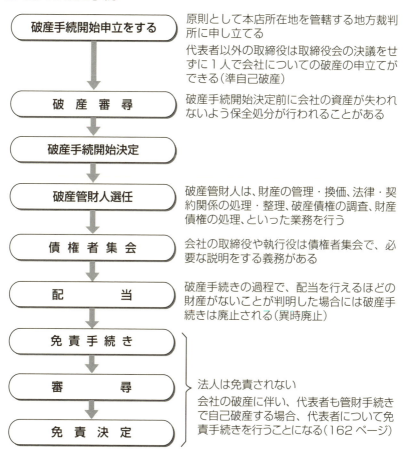

こうして調査された債権は、裁判所書記官によって破産債権者表に記載されます。特に問題がなく破産債権者表が確定すれば、破産債権者表の記載は破産債権者全員の関係では、訴訟による確定判決と同一の効力をもちます。

● 債権者集会とは

破産手続開始決定がなされると、債権者は、もはや自分の債権を行使することができなくなります。債権者は破産手続によって破産財団から債権額に応じた按分比例による分配を受けられますが、破産手続開始決定がなされた今となっては、債権者が全額回収するということは当然、不可能になります。

破産債権者は、最終的に少しでも多くの配当を受けられるよう、破産財団の管理が適切になされ、また、換価がより高額であることを望みます。ですから、破産手続の進行には重大な関心をもたないわけにはいきません。そのため、ときによっては対立する利害関係をもっている債権者の意見を調整し、その共同の意思を破産手続に反映させる必要があります。そこで設けられたのが債権者集会です。

債権者集会は、裁判所が、破産管財人や債権者委員会、知れている（判明している）破産債権者の総債権について裁判所が評価した額の10分の1以上にあたる破産債権をもつ債権者などの申立てによって、あるいは裁判所の職権で招集されます。

債権者集会には、破産者から報告を受ける権限や、破産管財人の解任請求の決議もできます。債権者集会の決議は、届出債権者だけが議決権をもち、議決定を行使できる破産債権者で出席した者の議決権の総額の2分の1を超える者の賛成があれば決議は成立します。

ローン中のマイホームを抱える人が自己破産するには

オーバーローンであれば同時廃止になる可能性もある

● 不動産があっても同時廃止になることも

　破産者にマイホームなどの不動産がある場合には、原則的には管財事件になるはずです。しかし、管財事件になれば、最低でも予納金は20～50万円はかかります。ところが、こうした破産者の多くは、まだまだ相当な額の住宅ローンを残しているのが通常です。

　さらに、不動産価格が高かった以前とは違って、最近では、不動産の評価額が購入時に比べて2分の1、場所によっては3分の1またはそれ以下にまで下落していることもあります。たとえば、資産価値1000万円程度しかない不動産に、被担保債権5000万円の抵当権が設定されていることもざらにあります。

　このような担保割れの状態では、仮に債権者である銀行が抵当権を実行したとしても、多額の負債が残ってしまうことになります。これでは、管財事件にした意味はありません。そこで、東京地裁などでは、個人の破産者が不動産を所有している場合でも、その不動産によって担保される借金の総額が、その担保不動産の換金価値の1.5倍以上、つまり、被担保債務残額÷不動産評価額＝約1.5倍以上ある場合（オーバーローン）で、債務者に他に大きな財産がなければ管財事件とはしないで、最初から同時廃止とする方針を打ち出しました。この方式が、採用されている裁判所では、多額の住宅ローンによって返済に苦しんでいた債務者も、自己破産の申立てがしやすくなります。高額な予納金が調達できずに自己破産をためらっていた人も、1万5000円程度の安い費用で自己破産できます。

　1.5倍以上のオーバーローンで自己破産の申立てをして、同時廃止

になったとしても、住宅ローンはそのまま残っています。抵当権をもつ銀行やその保証会社では、いずれは抵当権を実行してくるでしょう。同時廃止になれば、不動産の差押えも可能になり、抵当権者は競売を申し立てます。しかし、昨今のような不動産価格の現状では、売却先が決まるまでには半年から1年、物件によっては相当な時間がかかります。売却されることになれば、結局は、家を失うことになりますが、その間は、破産者が家に住んでいることも問題ありません。

　オーバーローンの場合で同時廃止にしてもらうためには、債務者が所有する不動産の評価額を明らかにする資料を裁判所に提出することが必要です。普通は、不動産鑑定士に依頼して、不動産の時価に関する鑑定書を作ってもらうか、路線価格に関する書面または固定資産税評価証明書などの書類が必要になります。ただ、不動産鑑定士へ評価を依頼するのにも、多額の費用がかかりますから、この点については、所有している不動産の所在地の近隣にある不動産業者に、実際の取引価格を証明する文書を作ってもらって、これを提出してもよいことになっています。この場合は、文書は2つ以上の複数の異なった不動産業者に作成してもらい、それぞれに不動産業者の名前を記入して押印してもらわなければなりません。

　東京地裁のような運用がなされていない裁判所では、オーバーローン物件であっても管財事件になると考えられ、破産管財人による管理処分がなされる破産財団に属することになります。ただしオーバーローンであることが明らかな場合は、管財人の判断により破産財団から放棄され、破産手続きから外される可能性もあります。そうなれば同時廃止の場合と同様、破産者に不動産の所有権が復帰することになりますので、抵当権者による競売申立てや、あるいは任意売却がなされることになります。

■ 不動産を所有する人の同時廃止手続

申立てに必要な書類

受付時に追完を指示された通常の疎明資料等に加えて、以下の疎明資料等が必要となります。

1. 不動産に設定されている担保権（国税の滞納処分による差押え等を含む）の一覧表
    * 受付年月日、登記原因、権利者、債務者、現在の被担保債権等を正確に記載してください。
2. 現在の被担保債権額を示す資料
    * 残高証明書、代理人による債権調査票、電話聴取書等を提出してください。

   不動産の時価を示す資料（次のいずれかを提出）
3. (1) 最低売却価格が記載された期間入札等の通知書
   (2) 鑑定書
   (3) 路線価格に関する書面又は固定資産評価証明＋近隣の不動産業者2業者以上による不動産評価額に関する書面（当該業者作成の評価書、又は申立人あるいは申立代理人作成の報告書、いずれも業者の名称及び所在地が明示されたもの）
   (4) 予納金　2万円（審尋期日までに納付）

■ 各裁判所におけるオーバーローンの基準表

東京地裁	不動産が担保する被担保債権の残額が査定書の評価額の1.5倍を超える場合
大阪地裁	①不動産が担保する被担保債権の残額が固定資産税評価額の2倍を超える場合 ②不動産が担保する被担保債権の残額が固定資産税評価額の1.5倍を超えて2倍までの場合は、被担保債権の残額が査定書の評価額の1.5倍を超える場合
横浜地裁	被担保債権の残額が（不動産の）時価の1.2倍以上で ①現在も過去も個人事業者でなく ②負債総額が5000万円を超えておらず、 ③多数の債権者が存在していないこと
名古屋地裁	①建物：被担保債権の残額が固定資産税評価額の1.5倍以上である場合 　土地：被担保債権の残額が固定資産税評価額の2倍以上である場合 ②被担保債権の残額が不動産業者2名の査定額の平均値の1.5倍以上である場合

書式 オーバーローンの上申書

平成○年○月○日

○○地方裁判所御中

申立人　○○○○

オーバーローンの上申書

　申立人は不動産を所有しておりますが、以下のとおりオーバーローンの状況にありますので、当該不動産に関しては同時廃止に支障がないことを上申します。

$$\frac{（被担保債権残額）\ 1500万円}{（\ 評\ 価\ 額\ ）\ 1000万円} = 1.5倍$$

　なお、算出の根拠は下記のとおりです。

記

1　不動産の特定
　　添付の不動産登記簿謄本
2　被担保債務の残額
　　添付のローン残高証明書
3　評価額
　　不動産業者の査定書2社分
　なお、評価額は2社の評価額の平均値を記載しています。

10 添付書類をそろえる

住民票や戸籍謄本など添付書類も用意する

● 申立ての際の添付書類

自己破産の申立てをするには、破産申立書を管轄の地方裁判所に提出するわけですが、その他にさまざまな添付書類が必要になります。おおよそどんなものが必要か見ておきましょう。

● 住民票や戸籍謄本のとり方

① 住民票

家族全員の記載があって、世帯主・続柄・本籍地などが省略されていないものです。発行して3か月以内のものが必要です。住民票は、住所地のある市区町村役場の窓口で手に入りますが、郵送でも請求できます。

② 戸籍謄本

世帯全員の記載がある謄本が必要で、これも発行して3か月以内のものです。本籍地の市区町村役場に交付を請求します。窓口まで行ってもよいのですが、郵送でも請求できます。本籍地と住民票のある住所地が異なっている場合は、請求する市区町村役場も異なる場合がありますので注意しましょう。

● 添付書類の中で特に重要なもの

① 陳述書

どのようにして自己破産の申立てをする状態に至ったのか、その事情や生活の状況、現在の財産状態などについて記載します。裁判所が、債務者の支払不能の状態を詳細に把握するために必要な書面で、自己

第5章 自己破産のしくみ　171

破産の申立てでは重要なポイントになる書類です。どう書くのか、特に書き方が決まっているわけではありません。裁判所に書式が用意されている場合でも、それぞれの裁判所によって若干異なっています。

　要は、できるだけわかりやすく、事実をきちんと書けばよいのです。大切なことは、「事実を正直に書く」ということです。陳述書は、後の審尋の重要な資料になりますので、ウソの記述や記載もれがあれば、裁判官の心証を害してマイナスになりかねませんし、後々面倒なことにもなります。

　なお、東京地方裁判所をはじめ、多くの地方裁判所では、陳述書の別紙として、さらに次のような書類の提出が求められます。

② 「債権者一覧表」あるいは「債権者名簿」

　いつ・誰に・どれだけ借りたのか、主にどんなことに使ったのか、現在どれだけ残っているのか、などを記載する書類です。

③ 「資産目録」または「財産目録」

　破産申立時現在で残っている資産などについて記載します。不動産の有無・その価格、残っている現金や預・貯金の額、生命保険や簡易保険などの各種保険の有無と解約返戻金の額、退職金の見込額や貸付金や売掛金、手形・小切手などの有価証券、その他売却して換価できそうな動産など、ありとあらゆる資産状況について記載します。また申立てから２年以内に処分した財産で処分額が20万円を超えるものについては記載が必要です。資産目録は、免責の可否を決定する場合の重要な資料になります。記載漏れやウソの記載がないよう正直かつ正確に書くことが大切です。

　資産によっては、登記簿謄本や通帳、契約書、借用書などの資産の根拠となる書類や、資産を証明する書類のコピーが必要になります。特に住宅ローンの債務者が申立てをする場合は、住宅ローンの契約書、償還表の他、登記事項証明書、固定資産評価証明書、および査定書、オーバーローンの上申書なども一緒に添付する必要があります。

④ 「家計全体の状況」あるいは「家計表」

　申立て直前の２か月分の家計の状況について記載します。給与や賞与、年金や各種公的扶助の額、自営の場合の自営収入や、家賃・地代・食費・水道光熱費などの生活費、借金の返済額など、破産申立時の生活の状況がわかるような事項を記載します。

■ 自己破産申立時に必要なその他の書類

●申立てに最低必要な書類
- □ 住民票（３か月以内発行で、世帯全員のもの）
- □ 戸籍謄本または抄本（３か月以内発行のもの）
- □ 生活保護・年金・各種扶助などの受給証明書のコピー
- □ 給料明細書のコピー（直近２か月分）
- □ 源泉徴収票または区役所発行の課税証明書のコピー（課税証明書のない人は不要）(直近２年分)
- □ 退職金（見込）額証明書等
- □ 通帳のコピー（申立前２週間以内に記帳し、表紙・表紙裏面部分、申立前１～２年分の取引部分、取引がなくても定期部分）
- □ 保険証券、保険の解約返戻金証明書のコピー
- □ 車検証・登録事項証明書・査定書のコピー

●不動産所有者の人が必要な書類
- □ 不動産登記事項証明書（３か月以内発行のもの）
- □ 不動産評価関係書類
- □ ローン残高証明書
- □ 不動産物件目録
- □ 固定資産評価証明書

●自営業（個人事業者・法人代表者）の人が必要な書類事業に関する陳述書として、
- □ 業務内容、営業状態、倒産に至る経緯、営業継続の有無
- □ 資産、負債の概要、整理、清算の概況
- □ 従業員の状況、解雇の有無、破産申立予定の有無
- □ 法人に関する訴訟の有無、破産申立予定の有無
- □ その他、税金の申告書控え（直近の２期分）のコピー

※各裁判所により若干異なります。

破産手続開始・免責許可申立書の書き方

必要な記載事項をきちんと書くこと

● 破産申立書を書いてみる

　破産手続開始・免責許可申立書の記載事項は、①申立人の住所・氏名・生年月日・本籍・現住所などの申立人に関する事項と、②申立ての趣旨・理由、が主なものです。

　「破産・免責申立書」の書式は、各地方裁判所によって少し異なります。なお、申立書や陳述書などの申立てのための書類をセットにした定型書式が裁判所に用意されています。簡単なアンケートに答えた上で「一人でも申立てができる」と裁判所が判断した場合には申立書の原本を貸し出してくれる裁判所もあります（申立件数が多いこともあり、東京地方裁判所の本庁では、「一人でも申立てができる」と判断してもらえる場合はほとんどないので注意が必要です。多くの場合には弁護士会などに相談するように勧められます）。

● 本籍・現住所の記載

　本籍および住民票の住所については、戸籍謄本、住民票を取り寄せ、正確に記入します。「真」と「眞」など、普段使っている漢字と、戸籍や住民票の漢字とが異なっている場合もありますから、注意しましょう。裁判所の書式によっては、「別添戸籍謄本記載のとおり」となっている場合もあります。取り寄せた戸籍謄本や住民票は、破産申立てをするときに一緒に提出します。

　現住所・連絡先電話番号については、裁判所からの連絡の際に必要になるので、正確に記入します。連絡先は、昼間に連絡がとれる電話番号を書きます。住所は、アパート・マンション名、部屋番号、呼出

まで書きます。貸金業者からの取立てから逃れ、居所を変えており、住民票の住所と現在の住居とが違うときには、現在の住所または居所を書きます。破産の取立てをした後に引越しをした場合には、すぐに裁判所に連絡することが必要です。

● 申立ての趣旨・理由

　申立ての趣旨には、「申立人を破産者とする」旨の記載をします。なお、破産申立書と免責申立書は１つの書式にまとめられています。
　申立ての理由には、添付書類のように債務を負担していますが、支払うことができませんという趣旨の記述をします。申立書には、通常、破産手続の費用を支払えない旨の記述（同時廃止の上申書）が付加されています。

● 陳述書は最初の関門

　多くの裁判所では、申立人の現在の状況を詳細に把握するために、申立人本人が書いた陳述書の提出を求めています。陳述書は、破産手続開始決定をするかどうかを裁判所が決定する際の重要な資料になります。陳述書には、申立人の氏名押印の他に、①経歴等、②破産申立てに至った事情、③これまでの生活状況等、④債権者との状況、を記入します。なお、裁判所から入手した書式に記入する場合で、記載内容が多く記入欄が足りなくなった場合には、同じ大きさの用紙に書いて、陳述書の直後に付け足します。

① 　経歴等
　過去10年前から現在にいたる経歴を古い順に書いていきます。就職していた場合には勤務先の会社名を記入します。勤務先にはアルバイトも含みます。数日間程度のごく短期のアルバイトについては、記入漏れがあっても、あまり影響はないようですが、極力正確に書くようにしましょう。

次に現在の仕事について記入します。無職か自営か勤めているのか、勤務先名や給料・ボーナスの額などを書きます。勤めている場合には、直近2か月分の給与明細書のコピーや源泉徴収票または課税証明書のコピーの提出が必要です。また、申立人が事業主である場合もしくは過去2年以内に事業を営んでいたことがある場合（会社の代表者を含む）には、事業内容や負債内容、従業員の状況などに関する「事業に関する陳述書」が必要になります。さらに、自営の場合は過去2年分の所得税の確定申告書のコピーを、会社の代表者の場合は過去2年分の事業年度分の確定申告書および決算報告書のコピーを提出します。

② **破産申立てに至った事情**

多額の借金をした理由、全額の返済が難しいと思い始めた時期、申立て費用の調達方法といった破産申立てに至った事情を記載します。

多額の借金をした理由については、生活費の不足、住宅ローンの過大な負担など、項目ごとにチェック欄が設けられていますので、該当するものにチェックし、具体的な事情を記載します。破産申立てを認められるかどうかの重要な判断要素になるため、具体的に、正確に記入します。後日の審尋の際の参考材料にもなりますので、絶対にウソの記述はいけません。なお、住宅ローンの支払いを理由とする場合にはその不動産の登記事項証明書の提出も必要になります。

③ **これまでの生活状況等**

破産申立てをするまでの、申立人の生活状況について記載します。中には、隠しておきたいと思ってしまうような事項もありますが、ここで逃げ出してはいけません。これまでの自分の生活状況に正面から向き合いましょう。

④ **債権者との状況**

これまで債権者と借金の支払いについて話し合いをしたことがあるのか、訴訟や差押えを受けていたりするのかについて記載します。

● 資産目録は第２の関門

「資産目録」あるいは「財産目録」と呼ばれる書類は、同時廃止になるのか、管財事件になるのかを見極めるポイントになります。これらの書類に、ウソの記述があったり、不備があったりすると、後で免責が認められないこともありますので注意してください。破産手続開始決定の申立てでは、資産目録は、陳述書に並ぶ重要な書類になります。以下、注意すべき点を見ていきましょう。

資産目録に主に記載すべきことは、破産申立時に、申立人が持っている資産の状況です。一つひとつ本当のことを正確に記入していきましょう。申立人が事業者などでない個人の場合には、売掛金や事業設備などはないでしょうが、それ以外は、事業者でも個人でも、記入する事項には大きな違いはありません。一つひとつの項目に、証明書や謄本などの添付書類が必要かどうかの指示がありますから、それらのチェックも大切です。

不動産についての数字の記載は、算用数字ではなく「壱弐参拾」など、不動産登記簿などの記載に従う必要があります。預・貯金については、残額がゼロ円でも通帳のコピーが必要です。また、保険については、失効しているものがあれば保険会社に失効している旨の証明書を作成してもらう必要があります。さらに、土地・建物などの不動産

■ 破産申立ての関係書類の作成ポイント

破産手続開始・免責許可申立書を作成する	住所・氏名・生年月日等必要事項を書き込む
陳述書を書く	破産申立てに至った経過について具体的に書く 借金総額と毎月の返済金額、月収、返済可能金額を記載
債権者一覧表・資産目録 家計全体の状況を記載	クレジットやローンの業者だけでなく友人や親族からの借金についても記載

や、自動車などの登記・登録名義が自分の名前になっている場合には、実際には自分で使用していなくても、すべて記入する必要があります。

● 事業主はここに注意する

申立人が事業主である場合、または過去2年以内に事業を営んでいたことがある場合（会社の代表者を含む）には、売掛金や事業設備、在庫・什器備品などについての質問項目があります。

また、事業内容や負債内容、従業員の状況などに関する「事業に関する陳述書」が必要になります。そして、自営の場合は過去2年分の所得税の確定申告書のコピーを、会社の代表者の場合は過去2年分の事業年度分の確定申告書と決算報告書のコピーを提出します。

● 家計全体の状況について

厳しい取立てに合うなど、神経をすり減らしている状況のもとでは、2か月前のことといっても、ハッキリ思い出せるか不安になる人もいると思いますが、それほど神経質になる必要はありません。

毎月の収入は、給与明細や預金通帳さえあれば確認できますし、年金や生活保護の受給金額については、役所の担当部署へ行けばわかることです。支出についても、地代・家賃・公共料金などは、領収書があるでしょうから正確な金額が簡単にわかるでしょう。食費やその他の生活費についても、正確に家計簿などにつけていればよいのですが、そうでなければわかる範囲で書くことになります。

なお、申立人の収入・支出だけではなく、親や配偶者などで同居している人の収入・支出についてもあわせて書く必要があります。誰の収入でどのように暮らしているのかもわかるように書きます。

● 債権者一覧表は第3の関門

債権者一覧表は、申立人の負債の状態を把握するための重要な書類

です。最初に借入れをした日を基準にして、借入れや購入年月日の古いものから順に書いていきます。金融業者や信販会社からの借入れだけではなく、勤務先からの借入れ、家賃の滞納分、生命保険会社からの契約者貸付、親族からの借入れなども忘れずに記入する必要があります。とにかく、ありとあらゆる負債について記入するわけです。同じ債権者から何回も借り入れている場合には、初めて借り入れた時期に、金額・使い道などをまとめて記入します。

　債権者が多数いて、一枚の用紙に収まらないような場合には、あらかじめ用紙をコピーしておきましょう。債権者名や債権者の住所は、破産手続開始決定を受けた後、裁判所から郵便で通知を送るのに必要です。ここで債権者や負債の記載もれがあったり、ウソの記述があったりすると、たとえ破産手続開始決定が受けられたとしても、後々厄介なことになります。ここに記載されなかった債権は、後に免責を受けても免責の対象にはなりません。せっかく苦労して、自己破産しても、再び債権者から取立てを受けることになりますし、何よりも、一度免責を受ければその後7年間は免責を受けられませんから、その借金からはもう逃れる術はありません。包み隠さず書きましょう。

● 提出前にもう一度確認を

　添付書類や予納郵券（切手）・収入印紙など、必要なものをあらかじめすべてそろえておきます。予納金ももちろんです。

　裁判所は、予納金が納められ、必要な書類がそろったときに、裁判官が直接申立人から事情を聞く審尋（審問）期日を決定します。くれぐれもミスのないようにしましょう。

● 申立後は債権者への通知をする

　貸金業法によれば、民事調停や自己破産の申立てなどの裁判手続をとったという通知を債務者から受け取った後は、債権者は支払いの請

求をしてはならないとされています。そこで、申立てが受理されたら、債務者の方から債権者に破産申立て済みである旨の通知を、「事件番号」を表示して送っておくのがよいでしょう。通知書には、①破産申立てに至った事情、②今後の裁判手続きに協力して欲しい旨、③裁判所名と事件番号を必ず書いておきましょう。

　この通知によって、債権者は債務者に破産申立てがあったことを知ることになり、その後は、債務者に支払いを請求できなくなります。しかし、中には債務者からの通知書を受け取っても、平気で取り立てを続ける悪質な業者もいます。そのような場合には、監督官庁に申し立てて行政指導してもらうとよいでしょう。それでもなお強硬に取り立てにくる業者に対しては、裁判所に「取立禁止の仮処分」を申し立てることもできます。

● 弁護士に依頼すれば、介入通知を出してもらえる

　破産手続を弁護士に依頼した場合には、破産申立てをしたことの通知を弁護士が出します。通常、弁護士に自己破産の申立てを委任すると、弁護士は、貸金業者宛に「債務者○○の債務の整理について受任したので、以後連絡は弁護士宛にするように」という内容の書面を発送します。これを「弁護士介入通知」などと呼んでいます。

　書面が貸金業者に到達すると、貸金業者は直接の取立行為ができなくなり、破産申立前でも電話・電報・訪問・郵便による取立行為は止まります。これが弁護士に依頼した場合の大きなメリットです。

　なお、弁護士に依頼した場合には、勝手に一部の債権者と交渉するということは、絶対にやってはいけません。もし、債権者から連絡があっても、「弁護士に委任したので弁護士に連絡してほしい」と答えて取り合わないようにしましょう。

破産審尋から破産手続開始決定を受けるまで

1か月～2か月で破産手続開始決定を受けることができる

◉ 審尋期日がやってくる

　自己破産の申立てをすると、後日、申立人は裁判所に出頭して担当裁判官から事情を聞かれます。これが審尋（審問）と呼ばれている手続きです。

　裁判所はこの審尋によって破産手続開始決定をするかどうか結論を出します。申立人は必ず出頭しなければなりません。急病などで出頭できない場合は、審尋期日を変更してほしい旨の上申書を、診断書などをつけて提出しなければなりません。審尋期日は、予納金を納めた時点からおよそ1～2か月してから指定されているようです。

　債務者の審尋と債権者から回答された意見聴取書をもとに、審尋期日からそうたたないうちに、裁判所は申立人に対して、破産手続開始決定をし、同時廃止の決定をすることになります。自己破産の申立てのときから数えて、おおよそ1～2か月、申立件数の多い裁判所では、2～3か月後のことです。

◉ 審尋のポイントは何か

　破産手続開始決定を受けるには、申立人が支払不能の状態にあるかどうかがポイントになります。審尋は、裁判官が、申立人が支払不能の状態にあるかどうかを判断するために行われます。

　申立時に提出した陳述書の中で、申立人は、生活状況や借金を支払うことができなくなった事情などを詳しく述べて、支払不能の状態にあることを明らかにしておくことが大切です。そのためにも、陳述書は、正確に正直に書いておきましょう。

第5章　自己破産のしくみ

審尋は、申立内容に問題がなければ、通常1回で終わります。審尋の後、支払不能の状態にあると判断されれば、破産手続開始決定がなされます。

● 審尋の日から数日後が破産手続開始決定

裁判所の審尋の結果、特に問題がなければ、破産手続開始決定がなされます。裁判所によって多少扱いは異なりますが、破産手続開始決定は、審尋の日から数日後に出されます。

破産手続開始決定は、官報に公告され、破産管財人や破産者、債権者などに通知されます。破産手続開始決定は公告の日から2週間後に確定します。このときから、申立人は破産者になります。

● 破産手続開始決定がなされると

破産手続開始決定が確定すると、債権者はもはや個別に権利を行使することはできなくなります。既に、取立ては止まっているでしょうが、債権者はさらに一段と制約を受けるようになります。

審尋の結果、申立人が支払不能の状態にないと判断されれば、破産手続開始決定はされません。

破産手続開始決定の決定が出されると、そのときから債務者は破産者になります。なお、破産手続開始決定後に得た新たな財産は、自由財産として99万円までは破産者は自由に使うことができます。見方によっては、新しい生活はここから始まる、ともいえるわけです。

■ 破産審尋と破産手続開始決定

破産審尋
判断 → 支払不能 → 破産手続開始決定

破産財団の換価・配当手続きはこうなる

換価される手続を一通り把握しておく

● 破産財団の換価について

　ここまでの手続きで、分配できる破産者の財産も、配当を求める債権額も確定します。ここからは破産管財人が、破産財団に属する財産を換価して、破産債権者に配当する手続に移っていきます。

　破産財団に属する財産を売却して、金銭に換える（換価）のは、債権調査が終了してから行うのが原則ですが、早急に処分しないと腐敗したり損傷したりして、著しく価額が低下してしまう物や、保管するのに不相当に高額な費用がかかるようなものについては、裁判所の許可を得て、債権者集会が開かれる前でも、直ちに換価できます。

　換価の対象となる物は、①土地・建物などの不動産、②自動車、③電話加入権、④家具・日用品などの動産、⑤有価証券などが、主なものです。

　不動産の場合、誰でも利用することのできる空き地などの不動産であれば、不動産業者などを通じて買い手を探します。工場など特殊な用途にしか用いることができない不動産であれば、同業他社に売却することを試みます。ただし、不動産は多くの場合は抵当権などの担保権が設定されていて、余剰価値がないことが多いものです。抵当権などの担保権がついていると、買い手がつかなかったり、買い手がついたとしても売却価額を値切られてしまいます。そのため、担保権者との交渉が必要になります。

　また、売却しても費用を上回る余剰がでないような物は、換価に値しない財産として破産財団から除外し、破産者などの自由な処分に委ねてしまいます。不動産については、固定資産税を支払ってもなお破

産財団を増加させることができるかどうかを基準として、権利放棄するかどうかを決定します。

● いよいよ配当

こうして、管財人が破産財団に属する財産を換価して得た金銭は、届出債権者に順次債権額に応じて分配していきます。これを配当といいます。

配当には、それがなされる時期によって、中間配当・最後配当・追加配当などがありますが、大きな倒産などよほどのことがない限り最後に配当手続がなされるだけです。

配当が終了し、破産終結決定がなされると、破産手続は終了します。しかし、これまで見てきた通り、破産手続で債権者が完全に満足するということは不可能に近いことです。破産手続を経てもなお回収できない債権は、以前として残ります。ですから、破産者が完全に借金から解放されるには、さらに免責手続をとる必要があるのです。

なお、破産手続進行中でも、裁判所が、破産財団では破産手続費用をまかなえないと認めた場合には、破産手続の廃止決定をします。これを異時廃止といい、これによっても破産手続きは終了します。

■ 破産財団の換価

不動産　自動車　電話加入権
家具などの動産　有価証券

↓

換　　価

金　　銭

配　　当

債　権　者

免責手続について知っておく

申立てから3か月で免責まで行くこともある

● 免責の申立てについて

　個人の自己破産の場合は、破産手続開始の申立てにより免責申立てをしたものとみなされます（破産の申立ての際に免責申立てをしない旨の申述をした場合を除く）。また、債務者が破産の申立時に債権者一覧表を提示すれば、免責手続で債権者名簿を再び提出する必要はありません。

　裁判所は、必要に応じて破産管財人・破産債権者に対して免責についての意見申述を行わせます。破産管財人や破産債権者は、免責の当否について裁判所に意見を述べる機会を与えられるわけです。

　また、裁判所・破産管財人による免責についての調査もあります。この調査は必ず行われるものではありません。調査が行われた場合、破産者は調査に対する協力義務を負います。

　裁判所によっては運用により審理の期日を開く場合がありますので、免責の申立てをする裁判所に確認してみましょう。

● 免責が決定されるとどうなる

　免責の決定は、決定が送達され、これが債権者に到達してから1週間以内に、即時抗告がないことによって確定します。即時抗告とは、裁判の日から一定の期間内に提起するとされている上級裁判所への不服申立制度です。免責の決定は免責の確定により効力が生じます。

　免責の決定が確定すると、一定の免責されない債権（次ページ図）を除き、債務の支払いを免れることができます。なお、免責の決定が確定した場合には官報による公告などはありません。

免責の確定により、破産者は、一部の債務を除き、破産債権者に対する債務の支払義務がなくなります。また、復権して破産者ではなくなり、公法上または私法上の資格制限（145ページ）から解放されます。

● 免責手続き中の強制執行は禁止されている

　債権者が強制執行（92ページ）により債務者の給料等を差し押さえてくる場合があります。

　給料等については、所得税や社会保険料などを控除した後の金額の4分の3については差押えが法律上禁止されています。ただ、所得税や保険料等の控除後の金額が44万円を超える場合は、一律に33万円について差押えが禁止されるだけで、残りはすべて差押えの対象となります。たとえば控除後の金額が50万円あれば、債務者に33万円を残して17万円を差し押さえることができます。

　破産手続が同時廃止となり、あわせて免責の申立てが行われることになったとしても、免責が確定するまでには時間が必要です。

　ただ、免責手続き中にも債権者によって強制執行されてしまうとなると、破産者の更生に支障が生じるおそれがあります。そのため、免

■ 免責決定後も免責されない債権

□租税や社会保険（健康保険）料などの請求権
□破産者が故意（わざと）または重過失（重大な不注意）によって人の生命・身体を侵害した場合の不法行為による損害賠償請求権
□養育費や扶養料など
□雇用関係に基づいて発生した使用人の請求権（給与など）や使用人の預り金返還請求権
□債権の存在を知っていながら破産者が故意に債権者名簿に記載しなかった請求権
　（債権者が破産手続開始決定のあったことを知っていた場合は除く）
□罰金、科料などの請求権

責が確定するまでの間は、債権者が新たに破産者の財産を差し押さえるなど、強制執行の手続きをとることはできないことになっています。

● 免責による借金からの解放と免責の不許可

　破産者の免責審理が終わり、免責不許可事由がないとなれば、裁判所は免責決定をします。

　免責の決定がなされると、裁判所から免責決定書が交付されます。裁判の告知があった日から１週間以内に即時抗告（185ページ）がなければ免責が確定します。これでようやく借金から解放されるわけです。

　免責が確定すると、それまで破産者とされていた債務者は当然に復権して、破産者ではない元の状態に戻ります。また、公私の資格制限からも解放されます。さらに破産者は、免責決定によっても免責されない、税金などの一部の借金を除いて、晴れて、借金から解放されるのです。

　なお、一度免責を受けると、以後７年間は免責は受けられません。

■ 給与が差し押さえられる範囲

　手取額とは給料から所得税・住民税・社会保険料などの法定控除額を差し引いた額のことです。
　手取額が44万円を超える場合は、その手取額から一律33万円を差し引いた額を差し押さえることができます。つまり、33万円を債務者のもとに残せば、その残りはすべて差し押さえることができるのです。
　なお、上図の33万円とは、標準的な世帯の必要生計費が勘案（考慮）されたもので、政令によって定められた額のことです。

免責が許可されなければ、破産者としての立場はそのままですが、自己破産したことが全く無意味になるわけではありません。
　債務者が自己破産したことを知って、債権の回収をあきらめる債権者は少なくありません。
　なお、一般的に、免責が不許可になった場合の対策として、高等裁判所への即時抗告と任意整理（129ページ）が考えられます。
　免責不許可の決定に対しては、高等裁判所に異議申立（即時抗告）ができます。抗告は、免責不許可の決定が官報に公告された後、2週間以内にしなければなりません。
　仮に免責不許可の事由があって、明らかに免責決定が受けられないような場合でも、破産手続開始決定は受けられます。債権者の中には、債務者が破産手続開始決定を受けたことによって、免責決定をまたずに債権の回収をあきらめる者もいます。そうなれば任意整理による借金整理も可能になってきます。

■ **主な免責不許可事由**

①申立人が債権者の利益を直接害した場合
　　破産者が財産を隠したり、その財産的価値を減少させたような場合や、返済不可能状態であるにもかかわらず、その状態でないかのように債権者を信用させて、さらに金銭を借り入れたような場合など
②手続きの円滑な進行を妨げたり、間接的に債権者の利益を害した場合、説明義務を尽くさなかったような場合
　　ウソの事実を記載した債権者一覧表を裁判所に提出したり、財産状態を偽って陳述したような場合など
③特定の債権者に特別の利益を与えるために担保を提供したり、弁済期前に弁済した場合
④浪費・ギャンブルなどによって著しく財産を減少させ、または過大な債務を負担した場合
⑤免責の申立ての前7年以内に、免責を得ていた場合
⑥その他破産法で定める義務に違反したこと
　　※免責不許可事由があっても、裁判官の裁量により免責決定がなされる場合もあります

第6章
個人民事再生のしくみ

 # その他にも住宅ローンなどの債務を圧縮する方法はある

個人民事再生を利用することで返済を楽にする

● 個人民事再生を利用する

　債務の返済額が多く、自宅を失うことは避けられない場合には、競売であろうが任意売却であろうと債務者にとっては関係がないように思われます。ただ、任意売却は競売に比べて、高く売れる可能性が高いため、破産にまで至らない状態であれば、任意売却を利用し、債務返済の足しにするとよいでしょう。

　また、個人民事再生（小規模個人再生または給与所得者等再生）も同時に利用すると、さらに債務の返済を楽にすることができます。

　個人民事再生とは、個人の債務者が債権者との話し合いに基づいて、債務者が完全に破たんしてしまう前に、なんとか再生が図れるようにすることをめざした制度です。個人民事再生には、小規模個人再生、給与所得者等再生の2つがあります。また、住宅ローンに関する特則は、小規模個人再生または給与所得者等再生と併用して利用することができます。つまり、住宅ローンだけでなく、他にも債務がある場合に、自己破産をしてしまうと、自宅を失うことになります。このような場合に、個人民事再生を利用すると、住宅ローンの支払期限などを延長し、それ以外の債務は大幅にカットすることができます。

　この住宅ローンに関する特則を利用することで、住宅ローンを抱えた債務者が返済に窮するようになった場合でも、住宅ローンについては従来どおり返済するか、返済スケジュールを組み直すなどしてローンの支払いを継続すれば一度手に入れた住宅を失わずに再生できることになります。

　たとえば任意売却後の住宅ローンの残債務が500万円で、他の債務

が200万円であり、合計700万円の債務があった場合、個人民事再生（小規模個人再生）を利用すれば、債務額を700万円の5分の1である140万円に圧縮することができ、この140万円を原則として3年間で弁済すればよいのです。ただし、小規模個人再生を選択した場合でも、財産が140万円を超える場合には、その財産額（財産額が700万円を超える場合は700万円）を弁済しなければなりません。また、給与所得者等再生を選択した場合には、財産が140万円を超えなくても、140万円を超える金額を弁済しなければならないことがあります。

なお、個人民事再生は、住宅ローンの債務額を除いた債務額（担保

■ 任意売却と個人民事再生を利用した債務の圧縮方法 …………

住宅ローンの残債務　2500万円
他の債務　200万円

▼

任意売却により自宅を2000万円で売却

▼

任意売却後の住宅ローンの残債務　500万円
他の債務　200万円

▼

個人民事再生により700万円を140万円に圧縮

▼

140万円を3年間で返済

▼

年間約47万円を返済すればよい

付きの債務がある場合は、担保不足見込額）の合計が5000万円以下でなければ利用できません。任意売却後の住宅ローンの残債務は、この意味での「住宅ローンの債務額」には該当しないので、注意が必要です。たとえば住宅ローンの残債務が1000万円で、その他の債務額の合計が4500万円である場合、「住宅ローンの債務額を除いた債務額の合計」は5500万円となり、もはや個人民事再生を利用することはできません。

● サービサーに債権が譲渡されることは不利ではない

任意売却や競売を行っても、債権が残った場合、債権者が最後にとる手段は、債務をサービサーに譲渡することです。

サービサーとは、債権回収を専門に行う会社のことです。

サービサー自体について不信感を抱いている人もいるかと思いますが、法務大臣が許可を与えた機関ですので、回収についての適法性は認められています。トラブル発生時にも、的確な対応が行われるので、回収作業に伴うリスクを軽減できるといったメリットもあります。債権者から債権を譲り受けたサービサーは、債権者から買い取った額面より多くの金銭を債務者から回収しようとします。実際は、二束三文で債権を買い取るので、サービサーとの交渉次第では、債務を減額できる可能性があります。

サービサーは、債権者とは違い、残りの債務をすべて取り立てようとはしません。サービサーに譲渡される債権のほとんどは債権者が取立てをあきらめた債権だからです。サービサーとしては、いくらかでも回収できればよいという考えなのです。そのため、交渉次第ではかなりの額まで債務を減額することができます。債務者としては、支払える金額を提示し、交渉をしていくとよいでしょう。

交渉次第では分割支払いをすることもできますが、一括にすると、債務の返済額をより減額してもらえることがあります。

 個人民事再生とはどんな手続きなのか

予納金も安く手続きも簡単である

● 通常の民事再生よりも債権者の関与は少ない

　個人民事再生は、通常の民事再生手続と比べてみると、その手続きがシンプルでしかもスピーディなものになっています。

① **簡略化された手続で、短期間で終了することも可能**

　通常の民事再生手続は、会社更生法などの他の倒産処理手続に比べれば、確かに迅速で機能的な手続となっていますが、それでも複雑な面があるといわれていました。個人民事再生手続は、さらに手続きを簡略化して、利用しやすいものとなっています。たとえば、通常の民事再生では、債権者集会を開かなければなりませんが、個人民事再生ではその必要はありません。

② **予納金が低く抑えられている**

　通常の民事再生手続を申し立てた場合には、原則として、手続を監督する監督委員を置くために、その費用として、最低でも200万円程度の予納金を、裁判所に納める必要がありました。この点、個人民事再生では、監督委員や管財人をつけずに、申立人本人が中心となって手続きを進行していきますので、その分予納金は低く抑えられています。

　なお、個人民事再生では、裁判所の補助的な役割をする者として個人では、再生委員が選任されることがあります。その委員の報酬として、各裁判所によって違いがありますが、だいたい十数万円〜二十数万円程度の予納金が必要になります。裁判所によっては分納も認めているようですから事前に確認しておきましょう。

③ **債権者の負担を軽減した**

　通常の民事再生手続では、債権者がそれぞれの債権額を裁判所に届

け出ます。債権額を争う場合には、それを確定するために訴訟をしなければなりません。また、再生計画案を決議するについても、債権者が積極的に手続に同意する旨の意思表示をする必要があります。

　この点、個人民事再生では、基本的には手続きに異議のない債権者の意思表示は必要ありません。

　個人民事再生手続は、通常の民事再生手続よりも債権者の関与が少なく、債務者主導で手続きが進行していきます。別の側面からいえば、それだけ債権者が納得できるような再生計画を作成する必要があるのです。この点に対処するために、手続きが利用できる人を制限したり、通常の民事再生手続よりも要件を多くしている部分もあります。

● 個人民事再生にもいろいろある

　個人民事再生は、①小規模個人再生、②給与所得者等再生、③住宅資金貸付債権（住宅ローン）に関する特則、という3つの柱によって成り立っています（次ページの図参照）。

　このうち、小規模個人再生と給与所得者等再生は、住宅ローンなどを除いた無担保の借金が5000万円までの場合に利用できる手続きです。債務額が5000万円を超えていたり、後述する一定の要件を満たさない場合には、この手続きは利用できません。どちらの手続きも、個人だけが利用できます。住宅ローンに関する特則については、小規模個人再生または給与所得者等再生の再生計画案に住宅資金特別条項を定める形で利用します。住宅ローン以外に全く債務のない人が、この特則つきの個人民事再生手続きを利用することもできます。簡単に各制度のしくみを見ておきましょう。

● 小規模個人再生

　この手続きは、個人で商売をしている場合のように、継続的または反復的に収入を得る見込みがあって、債務総額が5000万円を超えない

個人が利用できます。ここでいう債務総額は、住宅ローンなどを除いた無担保の借金をいいます。たとえば、借金総額が7000万円あっても、そのうち2500万円分には抵当権が設定されているという場合には、この手続きの対象になります。小規模個人再生では、3年間（特別な事情があれば5年間）で弁済するのが原則です。また、再生計画の認可決定には、債権者の書面による決議が必要になります。

● 給与所得者等再生

会社員のように、給与などの定期的な収入が見込め、その金額の変動幅が少なく、債務額が5000万円を超えない個人であれば、給与所得者等再生が利用できます。

この手続きでは、再生計画案を提出する前2年間の可処分所得額を3年間で弁済するのが原則です。可処分所得とは、収入額から生活維持費の額（その算定方法は政令によって定められています）を差し引いた額のことです。再生計画の決定には債権者の決議は不要です。

■ 個人民事再生のしくみ

- **小規模個人再生**
  自営業者などで、継続・反復した収入のある債務者が対象
- **給与所得者等再生**
  会社員のように給与等に変動がなく、定期的な収入が見込める債務者が対象
- **住宅資金貸付債権（住宅ローン）に関する特則**
  民事再生手続きの際にこの特則を受ければ、住宅ローンを抱えた人が自宅を失わずに再生できる可能性が高くなる

※住宅ローンに関する特則については、小規模個人再生または給与所得者等再生の再生計画案に住宅資金特別条項を定める形で利用する

● 住宅資金貸付債権（住宅ローン）に関する特則

　住宅ローンを抱えた債務者が返済に窮するようになった場合でも、住宅ローンについては従来どおり返済するか、返済スケジュールを組み直すなどしてローンの支払いを継続すれば一度手に入れた住宅を失わずに再生できるという制度です。この手続きは、通常の民事再生でも、個人民事再生でも、民事再生手続を申し立てた人であれば、すべての人が利用できます。また、住宅ローン以外には借金のない人でも利用できます。再生計画の中で住宅ローンの弁済方法を組み直し、再生手続きの認可要件を充たせばその後は変更された内容のローンを弁済することになります。

　住宅ローンやクレジット会社・消費者金融などからの借金によって多額の債務を抱える個人債務者は、調停や任意整理で話がつかない場合には、最後には自己破産するしかありません。しかし、破産すれば、せっかく手に入れた住宅も結局は失うことになってしまいます。この点、個人民事再生を活用できれば、住宅を失わないで借金を整理することも可能なのです。

■ 小規模個人再生と給与所得者等再生の違い

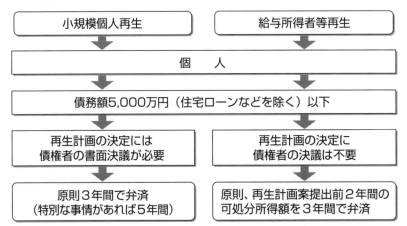

小規模個人再生の対象債権はどうなっているのか

再生手続の対象から除かれる債権もある

● 一般優先債権と共益債権は再生債権ではない

　個人民事再生で、整理の対象となる借金は再生債権と呼ばれます。再生債権は、「再生手続開始前の原因に基づいて生じた財産上の請求権」、つまり一言でいえば、債務者が負っている借金ですが、この借金の中に、いくつか除かれるものがあります。

　まず、一般優先債権が除かれます。再生手続のために裁判所に納める手数料や所得税・住民税などの租税、健康保険料、国民年金保険料、罰金や科料、過料がそうです。事業主として人を雇っているような場合の未払い賃金も一般優先債権にあたります。これらの債権については、再生手続とは別個に、債務者は随時返済しなければなりません。

　次に、共益債権です。これは、再生計画の遂行のために必要な費用などです。債務者が事業を営んでいるような場合には、事業を継続することに欠かすことができない原材料の購入費用などが共益債権に該当し、また事業者でなくても電気・ガス・水道料金なども共益債権となります（購入や利用の時期によっては共益債権にはなりません）。

　いずれにしても、この2種類の債権については、何とか支払っていかなければなりません。これ以外の借金であれば、元本も利息も、手続開始までに発生した遅延損害金（30ページ）も、すべて再生債権として、圧縮されていくことになります。

　もちろん、銀行や信販会社、消費者金融などのあらゆる借入先からの借金が対象になります。身内や友人からの借金も入ります。また、保証人になっている場合は、その保証債務も再生債権に入ります。

● 担保付債権も対象外である

　事業用資金の借入れなど、住宅ローン以外で自宅に抵当権が設定されている場合や、事業用リース料債権、自動車ローン債権など、担保権が設定されている債権も再生債権には含まれません。これらは実務上、別除権（87ページ）と考えられ、再生手続に関係なく、担保権を実行して、優先的に弁済を受けることができます。つまり、支払が継続されない限り、不動産であれば競売にかけ、リース物件や自動車であれば債権者が引上げ売却することにより、債権の回収が図られることになるわけです。

　しかし、これでは事業が継続できず、再生計画そのものがとん挫してしまう危険性があります。そこで、債権者との間で別除権協定を結ぶことで、担保権の実行を回避する方法があります。この協定では、目的物の評価額を分割弁済する代わりに担保権の行使をしない旨の合意がなされます。ただし、再生手続において特定の債権者にだけ支払を継続することは「債権者平等の原則」に反し、不認可事由に該当する可能性があるため、事前に裁判所の許可を得ておく必要があります。

■ 小規模個人再生の対象債権

債権名	内容	弁済方法
共益債権 一般優先債権	再生計画遂行に関する費用、労働債権（給料債権など）、租税など	減額や免責などの対象にはならない
担保権付債権	別除権を有する債権のこと。一般債権者とは別に弁済を受ける	別除権を行使して弁済を受けることができる（担保不足額は再生債権となる）
再生債権	共益債権、一般優先債権、担保権付債権を除いた債権	再生手続開始後は再生計画によって弁済する

4 借金総額が5000万円以下であることが条件

抵当権などで担保される部分は除外される

● 「債務総額5000万円以下」とは

　個人民事再生を利用できるためには、借金の総額に条件があります。一口に「債務総額5000万円以下」とは言われますが、少々計算が面倒ですので注意してください。

　まず、住宅ローンがない場合や住宅ローンがあっても住宅ローンに関する特則（住宅資金貸付債権に関する特則）の適用を受けることができない場合（あるいは自発的に住宅ローンに関する特則の適用を受けない場合）は、①自分が抱えている債務額の合計を算出します（利息制限法の利率を超えている債務については、引直し計算をします）。②別除権（抵当権など）の行使によって弁済が見込まれる分（たとえば不動産の時価）を引きます。

　住宅ローンがあり、住宅ローンに関する特則の適用を受ける場合は、上記の①は住宅ローンの残額を除いて算出します。

　こうして最後に残った借金が、総額で5000万円以下であれば、個人民事再生が利用できます。これから先は、こうして残った借金を単に「債務総額5000万円以下」と呼ぶことにします。

　なお、前述の計算方法はあくまでも簡略化したものです。実際には、再生債権者は、債権の元本及び再生手続開始決定の日の前日までの利息・損害金を再生債権の額として主張することができます。そこで、前述のように計算した元本の合計が5000万円ぎりぎりであった場合、利息・損害金を上乗せすることによって5000万円を超え、再生計画の認可決定が得られない場合がありますので、注意してください。

第6章　個人民事再生のしくみ

● 試しに計算してみる

　たとえば、次のような借金がある人が個人民事再生手続を利用できるかどうかを考えてみます。
① 住宅ローン債務があり、住宅ローンに関する特則の適用を受けられる可能性が高い。
② 住宅以外に不動産を持っており、抵当権付の債務がある（これについては住宅ローンに関する特則の適用は受けられない）。
③ 住宅ローンを含めた債務総額は1億円である。

　まず、債務総額1億円から、住宅ローンの残額（2000万円とします）を引きます。

　1億円－2000万円＝8000万円（住宅ローン以外の債務額）

　残り8000万円の債務額のうち、約定利率が利息制限法所定の制限利率を超えている債務額が1000万円であった場合、これを8000万円から引きます。

　8000万円－1000万円＝7000万円

　上記の1000万円の債務を引直し計算した結果、500万円となった場合、7000万円にこの500万円を足します。

　7000万円＋500万円＝7500万円

　また、債務額のうち、3000万円の債務について、不動産に抵当権が設定されており、抵当権を実行すると債権者が2700万円の弁済を受けることができる（つまり、不動産の時価が2700万円である）場合、7500万円から2700万円を引きます。

　7500万円－2700万円＝4800万円

　そこで、債務総額は4800万円となります。本ケースでは一応、個人民事再生手続の申立てをすることができますが、再生手続開始決定までの利息・損害金を含めると5000万円を超えることも考えられ、この場合には再生計画は不認可となります。

個人民事再生手続の流れを知っておこう

申立て後、再生計画案を堤出、認可を受ける

● 手続開始の申立てで始まる

　個人民事再生手続は、再生手続開始の申立てによって始まり、再生計画の認可決定が確定することによって終わります（その後、弁済ができなくなった場合などには一定の手続きをとる必要があります）。通常の民事再生手続と比較して、債権調査や債権確定手続、債権者の意見を反映させる制度、手続きに関与する期間などの面で、簡略化・軽量化されています。

　個人民事再生手続開始の申立ては、債務者だけがすることができます（通常の民事再生手続開始の申立ては債権者もすることができます。この場合に、再生手続開始決定までに債務者が小規模個人再生または給与所得者等再生を行うことを求めると、個人民事再生手続の開始決定が出されることがあります）。再生手続開始の決定がなされると、強制執行や仮差押・仮処分、再生債権を被担保債権とする留置権（被担保債権の弁済があるまで目的物を留置しておくことができる、という担保物権）に基づく競売手続きをすることができなくなります。もし強制執行などの手続きがなされていれば中止されます。裁判所は、手続開始の決定と同時に、「債権届出期間」と「再生債権に対する一般異議申述期間」を定め、これらを官報に掲載（公告）するとともに、申立ての際に裁判所に知らされている債権者に対して再生手続が開始されたことを記載した書面を「債権者一覧表」と一緒に送付します。

● 債権調査手続はどうする

　債権者は、送られてきた債権者一覧表に記載されている自分の債権

の内容に異存がなければ、改めて債権届出をする必要はありません。債権者一覧表に記載されていない債権がある場合や、記載されている債権の内容（債権額など）に異存のある債権者は、債権届出期間内に裁判所に対して債権の届出をしたり、異議を述べることができます。

　異議の申述があった場合は、債権の評価制度（裁判所が個人再生委員の意見を受けて、債権の額などを評価すること）という手続きによって、債権の存否および額、または担保不足額などが確定されることになります。

●再生計画案の作成と決議・認可

　再生計画案は債務者（または代理人）が作成して、裁判所の定める期間内に裁判所に提出しなければなりません。再生計画案の内容の中心となるのは、「いくら」を「どれくらいの期間」で返すか、ということです。再生計画案では、通常、「いくらを返す」というように具体的な金額を挙げるのではなく、「再生債権の元本のうち〇〇％を後記の弁済方法のとおり弁済する」というように弁済率で返済額（「計画弁済総額」といいます）を表現します。また、再生計画案に沿った返済計画表を作成します。弁済期間は３年以内が原則です。ただし、特別な事情があれば、５年以内でもよいとされています。なお、個人再生委員が選任されている場合は、適正な再生計画案を作成するように再生委員から勧告を受けることもあります。

　小規模個人再生の場合は、再生計画案について債権者の書面による決議を受けることになります。給与所得者等再生の場合は、再生計画案が債権者の決議に付されることはありませんが、裁判所は債権者の意見を聴くことがあります。

●小規模個人再生の場合の計画弁済総額はどうなる

　債務者が、再生計画に基づいて具体的に返済することになる「計画

弁済総額」は最低弁済額以上でなければなりません。

　小規模個人再生の場合は、再生手続の対象となる借金の総額が100万円未満の場合には、その額が最低弁済額となります。つまり、この場合には借金の額自体を減らすことはできません。また、借金の総額が100万円以上500万円未満の場合は100万円、借金の総額が500万円以上1500万円未満の場合は借金額の５分の１、借金の総額が1500万円以上3000万円以下の場合は300万円、借金の総額が3000万円を超え5000万円以下のときは借金額の10分の１がそれぞれ最低弁済額となります。

● 清算価値保障原則について

　計画弁済総額は最低弁済額以上でなければならないと同時に再生債務者が所有している財産の額以上でなければなりません。これを清算価値保障原則といいます。債務者が破産した場合、債務者が所有する財産を換金して債権者に分配することになります。個人民事再生ではこのような財産の換価・分配を行わない代わりに、財産分は弁済する、つまり計画弁済総額は財産を清算した場合の価値以上でなければならないのです。この清算価値を示すために清算価値算出シートを作成することがあります。

　清算価値は、基本的には財産目録に記載された財産を合計して求めます。ただし、退職金見込額はその８分の１が清算価値となります。

■ 小規模個人再生の最低弁済基準額

基準債権の額	最低弁済基準額
100万円未満	その金額
100万円以上500万円未満	100万円
500万円以上1500万円以下	その金額の5分の1
1500万円超3000万円以下	300万円
3000万円超5000万円以下	その金額の10分の1

たとえば、再生手続の対象となる借金の総額が500万円であった場合、最低弁済額は100万円です。しかし、財産の清算価値が200万円であった場合には200万円以上を計画弁済総額としなければなりません。また、清算価値が600万円であった場合には、500万円全額を弁済しなければなりません。なお、後者の場合に財産の清算価値が600万円であるからといって600万円を弁済する必要はありません。

　なお、前述の最低弁済額の基準と清算価値保障原則は、小規模個人再生だけでなく給与所得者等再生にも適用されます。給与所得者等再生の場合は、これらに加えて可処分所得の基準についてもクリアしなければならないことになります。

● 債権者が納得しない場合もある

　これらの基準で求められるのは、あくまでの計画弁済総額の最低基準にすぎません。小規模個人再生では、もし、その人の収入などに照らしてみれば、もう少し負担できるということであれば、最低基準よりも多い額を計画弁済総額として再生計画案を作成した方がよい場合もあります。

　最低弁済基準額によれば、3000万円の借金があっても、返済するのは300万円でよいことになります。財産が300万円以下であるとして、計画弁済総額を300万円とする再生計画案を作成した場合、中には弁済総額が低すぎるといって納得しない債権者もでてくるかもしれません。債権者の同意がなければ再生計画案は可決されませんので、計画弁済総額を考える際には注意が必要です。また、3年を超える弁済期間を提案すると債権者に反対される確率も高まるといえますので、注意が必要です。再生計画案を作成するにあたっては、再生債権者が反対する傾向の強い債権者なのかそうでないのかを調査し、計画弁済総額や弁済期間を考えることが必要になってくるでしょう。

● 再生手続の終結

小規模個人再生の場合は、再生計画案が債権者によって可決されたとき、給与所得者等再生の場合は債権者の意見聴取期間が経過したときに、裁判所は不認可事由がなければ認可決定を行います。この認可決定が確定すれば、手続きは終結します。

認可決定が確定した後は、計画の変更や再生計画の遂行が極めて困難になった場合に裁判所の免責決定を得て認められる免責制度（ハードシップ免責といいます）、再生計画の取消などの特別の場合を除いて、裁判所は関与しません。また、個人再生委員が選任されている場合も、再生委員は再生計画の遂行について関与することはありません。

■ 個人民事再生手続の流れ

- 債務者が個人であること
- 債務の総額が5,000万円を超えないこと
- 将来において継続・反復して収入を得る見込みがあること（小規模個人再生の場合）
- 給与または定期的収入を得る見込みがあって、その金額の変動の幅が小さいと見込めること（給与所得者等再生の場合）

↓

個人民事再生手続開始の申立て

↓

再生手続きの開始決定が出る

- 裁判所が債務者の財産を調査
- 報告書の提出
- 再生債権の提出 → 再生債権の評価

↓

再生計画案を提出する

・小規模個人再生では書面による債権者の決議が必要
・給与所得者等再生では債権者の意見聴取が必要

↓

再生計画を認可・再生債権の確定

↓

返済計画の履行

計画の履行完了まで数年かかる

6 小規模個人再生の申立書類について知っておこう

借金の実態と資産について正確に調べて書く

● 再生手続開始申立書類について

　個人民事再生を申し立てる裁判所は、債務者が事業者である場合は、主たる営業所の所在地を管轄する地方裁判所、債務者が事業者でない場合には、債務者の住所地を管轄する地方裁判所になります。

　申立ての際には、いくつか必要書類がありますが、裁判所には、申立書類のひな型が用意されていますので、それを利用することをお勧めします。

　なお、個人民事再生の手続開始の申立書には、大きく分けて、最高裁書式、東京地裁書式、大阪地裁書式の3種類があります。本書の書式例では最高裁書式を使用しますが、どの方式を使えばよいか、申立前に管轄裁判所に確認することをお勧めします。

● まずは債務の内容を整理する

　まずしておくべきことは、自分の借金の実態を正確に把握することです。それには、債権者の一覧表を作っておくことです。最初は自分なりの表を作ってもよいのですが、どうせなら最初から裁判所に提出する方式の債権者一覧表を作っておけば、後々便利といえるでしょう。

　債権者一覧表には、債権者の住所、氏名（名称）、電話番号、FAX番号、債務額、当初の契約年月日、契約の種別などを記載しますので、これらの事項を整理しておきましょう。債権者の名称については、「株式会社〇〇」あるいは「〇〇株式会社」などと正確な名称を記載しなければなりません。会社名よりもブランド名の方が有名な会社の場合には注意が必要です。

また、個人営業の貸金業者で商号や通称を用いている場合、「○○こと山川太郎」というような書き方をします。債権者の住所、電話番号、FAX番号については、通常、貸金業者の場合、自分の取引支店や担当部署の住所や電話番号などを記載しますので、現在、どこが自分の担当部署となっているかなどを調べておく必要があります。

　債務額については、最新の取引明細書兼領収書やクレジットカードの請求書などを見て把握します。約定利率が利息制限法の制限利率を超える場合は、引直し計算をして債務額を求めます。

　なお、多くの場合、引直し計算をするには債権者に取引履歴の明細を請求するしかありません。債務額がよくわからない場合、債権者に確認するしかないこともあります。

　当初の契約年月日・契約の種別は、お金を借りたのであれば、「平成○年○月○日金銭借入れ」などと記載し、クレジットカードでショッピングをしたのであれば、「平成○年○月○日立替払い」などと記載します。最初の契約年月日は、通常、覚えていないことが多いでしょう。その場合は、契約書などを探すか銀行預金通帳、預金の取引明細書などを参照して確認します。これらの方法でわからない場合には、債権者に聞くという方法をとらざるを得ないこともあるでしょう。

● 今どれだけの財産があるのか

　次に、自分の資産を把握しましょう。申立ての際には、陳述書に財産の状況を書いたり、財産目録を提出する必要があります。

　財産となるのは、たとえば、現金、預金、不動産、自動車・バイク、賃貸マンションなどの敷金、保険の解約返戻金、会社などに勤めている場合は退職金見込額です。動産も財産となりますが、通常、動産で財産として計上しなければならないのは、宝石や貴金属類、価値のある絵画などの芸術作品や骨董品、中古品として売却してそれなりの価格で売れる機械類などです。

このうち、退職金見込額は、現在、自分の勤め先を辞めたと仮定した場合に支給される退職金の額であり、その額の8分の1が財産となります。退職金見込額を調べるには、退職金規程がある場合にはそれをもとに計算すればよいのですが、こうした規定がない場合、勤務先に聞くしかありません。

不動産業者については、時価が財産の額となります。裁判所によって、複数の不動産業者などの査定書を提出させる場合と、固定資産税評価額に一定の倍率を掛けて時価とする場合などがありますので、管轄裁判所に問い合わせて、その方式に従って査定してもらったり、固定資産税評価証明書を取得しておく必要があります。

● 支払いをストップする

個人民事再生手続を弁護士に委任した場合や司法書士（認定司法書士）に個人民事再生の書類作成を依頼した場合には、通常、弁護士や司法書士が受任（受託）した段階で債権者への支払いをストップしています。自分自身で申し立てる場合、再生手続開始決定後に債権者に弁済することは禁止されますので、遅くとも開始決定前に支払いをストップしなければなりません。

銀行振込やATMを利用して支払っている場合には、それをやめればよいのですが、銀行などの自動引落を利用している場合には、残高不足にしておくなどして引き落とされないようにしておかなければなりません。また、勤め先などからの借入れがあって、給与天引きで支払っている場合、それを中止するよう依頼しなければなりません。

● 具体的な申立関係書類と部数や費用について

以下の書類を提出します。
・再生手続開始申立書
・陳述書

・家計全体の状況
・添付書類一覧表

　申立書や陳述書、家計全体の状況、添付書類一覧表、そして添付書類は、通常2通ずつを裁判所に提出します。これは、再生委員が選任される可能性があるからです。明らかに再生委員が選任されないという場合には、1通ずつでもよいかもしれませんが、これについては事前に管轄裁判所に確認した方がよいでしょう。債権者一覧表は、裁判所用・再生委員用の他、債権者用として債権者の数だけ必要です。

　添付書類を2通ずつ提出する場合、通常、1通は原本、1通はコピーで大丈夫ですが、裁判所によっては特定の書類について2通とも原本を要求する場合もありますので、これも事前に確認しておきましょう。添付書類の中には2通ともコピーを提出すればよいものもあります。その他、裁判所から債権者に書類を送る際の封筒に貼る、債権者の住所を記載したタックシールを提出するように求められることもあります。また、申立書や陳述書などは自分の控え用にもう1通用意しておき、添付書類については控え用に1通ずつコピーしておいた方がよいでしょう。

　申立時に必要な費用としては、申立印紙代1万円があげられます（申立書に印紙を貼って納めます）。通常、申立時に裁判所から債権者に書類を送るための切手を納めます。切手は何円切手を何枚納めるかは裁判所によって異なりますので、問い合わせてください。

　また、申立後ほどなく官報公告（債権者などに再生計画の決定があったことを知らせるための公告）のための予納金を納めなければなりません。これは通常、1万2000円程度であり、現金で納入します。その後、再生委員が選任された場合には、再生委員の報酬を予納します。その金額や支払方法（分割払いか一括払いか）は裁判所によって異なります。

マイホームを保持しながら借金整理する方法もある

一定の要件を充たしていれば利用できる

● 住宅資金貸付債権に関する特則

　破産・免責手続の申立てによって借金の支払いを免れることはできますが、通常、生活の基盤であるマイホームも手放さなければならなくなります。しかし、民事再生法の住宅資金貸付債権に関する特則（住宅ローンに関する特則）の制度を利用すれば、マイホームを失わずに、借金を整理することも可能です。

　理由はどのようなものであれ、住宅ローンの支払いに支障が生じている債務者のために、返済条件について変更を認める制度がこの住宅ローンに関する特則です。住宅ローンの返済に苦しんでいる債務者は、民事再生手続を申し立て、再生計画案の中に住宅ローンに関する権利変更の条項（住宅資金特別条項）を盛り込んで提出します。その再生計画が裁判所によって認可され確定すれば、住宅ローンの債権者、つまり銀行などの貸主（住宅資金貸付債権者）の意思に関わりなく権利は変更され（リスケジューリング）、債務者は期限の猶予を受けることができます。この住宅資金特別条項は、通常の民事再生手続でも、小規模個人再生でも、給与所得者等再生でも、いずれを問わず再生計画の中に盛り込むことができます。つまり、住宅ローンに関する特則は、民事再生手続を申し立てている個人であれば、どの手続きの中でも利用できることになっています。

● 住宅資金貸付債権とは

　住宅資金特別条項を定めることができる住宅ローン（住宅資金貸付債権）は、以下の要件を充たすことが必要です。

① 住宅の建設・購入または、住宅の改良に必要な資金の借入れであること

　ここでいう「住宅の購入」には、いずれ住宅を取得する予定で土地を購入したり、借地権を取得する場合も含みます。

② この資金の返済が、分割払いになっていること

　住宅ローンを組んでいるのであれば通常は分割払いとなっているでしょう。

③ 住宅ローン債務や、保証会社の求償債務を担保するために、抵当権が設定されていること

　これは、抵当権が実行されて住宅を失うことがないように、という制度の目的から要求されている条件です。

● 対象となる「住宅」の要件とは

　住宅ローンに関する特則が対象としている「住宅」は、個人が所有し、居住する住宅であることが原則です。

① 個人の債務者が所有し、自ら居住するための建物であること

　借入れが宅地を購入するためのものであっても、建物に抵当権が設定されていれば大丈夫です。また、現に居住していなくても、将来居住することを予定して建てた建物であればかまいません。建物が2つ以上ある場合には、債務者が主に居住するために使用している1つの建物に限られます。また、債務者自身が所有していない建物は、守ることはできません。

② 建物の床面積の2分の1以上に相当する部分を自ら居住するために使用していること

　たとえば、店舗や事務所と併用している建物であっても、その建物全体の床面積の2分の1以上に相当する部分が、もっぱら債務者自身の居住のために使用されていれば大丈夫です。

第6章　個人民事再生のしくみ

対象になる債権にはどんなものがあるのか

住宅が他の債権の担保となっているときは対象とならない

● たいていの住宅ローンはカバーできる

一般的な住宅ローンであれば、たいていは住宅ローンに関する特則の対象になります。

ただ、例外的に一部の住宅ローンについては住宅ローンに関する特則が利用できない場合があります。具体的には、住宅上に他の担保権が設定されている場合や法定代位（次ページ）による住宅ローン債権の取得の場合です。また、身内や知人が、連帯保証人として債務者に代わって住宅ローンを返済すると、連帯保証人は金融機関が有していた抵当権その他の権利を行使することができますが、この場合にも住宅ローンに関する特則は適用されません。

● 住宅上に他の担保権が設定されている場合

まず、住宅に、住宅ローンを担保するための抵当権の他に、他の債権を担保するための担保権が存在する場合には、住宅ローンに関する特則は利用できません。

この場合は、債務者が民事再生手続を申し立てたとしても、その住宅ローン以外の債権のための担保権を再生計画の中で拘束することはできません。その担保権を有する債権者が、担保権を実行してしまえば、住宅を守ることはできないからです。

また、住宅以外の不動産に、住宅ローンを担保する抵当権が設定されている場合で、その不動産にこれより優先順位の低い担保権が設定されている場合にも、住宅ローンに関する特則は利用できません。

住宅を建設する予定で、敷地を先に取得した場合には、土地を購入

するための抵当権が土地に設定されているのが通常です。この土地の上にさらに住宅を建設する場合には、新築する住宅にも敷地との共同担保の形で、第1順位の抵当権を設定するように求められることが多いと思います。このような状況で、さらに敷地について後順位抵当権が設定されたような場合が、これにあたります。

この場合は、後順位担保権者が担保権を実行（競売）すると、まず上位の住宅ローン債権者が住宅以外の不動産から弁済を受け、後順位担保権者は、住宅に設定された抵当権について代位できるというような理由で、権利関係が複雑になってしまいますから、住宅ローンに関する特則の適用から除外されます。

● 法定代位による住宅ローン債権の取得の場合

たとえば、身内や知人が、連帯保証人として債務者に代わって住宅ローンを返済すると、法定代位といって、連帯保証人は金融機関が有していた抵当権その他の権利を行使することができるようになります。連帯保証人が金融機関に代わって、住宅ローン債権や抵当権を取得したときには、住宅ローンに関する特則は適用されません。

住宅資金特別条項によって返済条件が変更されても、銀行などの金融機関は、債務者から利息を徴収することで収益をあげることができ

■ 住宅資金貸付債権の特則の対象にならないローン

- 住宅の上に他の担保権が設定されているとき
- 住宅とあわせて他の不動産に住宅ローンを担保する抵当権が設定されていて、その不動産に優先順位の低い担保権がつけられているとき
- 法定代位によって住宅ローン債権を取得した場合
- 保証会社による保証債務履行後6か月を経過した場合

ますが、金融機関でない連帯保証人は、利息による収益よりもむしろ早期の回収を望んでいるであろうことを考慮したため住宅ローンに関する特則を適用しないわけです。

● 保証会社による保証債務履行後６か月を経過した場合

　住宅ローンの延滞が生じて、ある程度の期間が経過すると、保証会社が債務者に代わって、金融機関に返済します（これを代位弁済といいます）。このような代位弁済がなされると、債権者は、銀行から保証会社に交替します。このとき、住宅ローンに関する特則を適用すると、保証会社の代位弁済による債権者の交替も、なかったことにしなければならなくなります。

　しかし、一方で、保証会社が代位弁済した後は、すべて住宅ローンに関する特則を利用できないものにしてしまうと、この制度を利用できる場合は、非常に少なくなってしまいます。民事再生手続が申し立てられるまでには、それなりの時間が経過しているのが普通で、その間に、保証会社による代位弁済が行われていることが多いからです。

　そこで民事再生法は、保証債務の履行完了後６か月以内に再生手続の申立てがあった場合に限って、住宅資金特別条項の利用を認めることにしました。ですから、代位弁済まで事態が悪化している債務者は要注意です。保証会社による代位弁済が行われてから、６か月以上が経過してしまえば、もはやマイホームを確保することはできなくなってしまいます。

保証会社の競売中止命令と再生計画について知っておこう

再生計画が認可される場合には競売手続中止命令が出る

● 保証会社に対する競売中止命令

　住宅ローンの抵当権が実行され、競売手続によって住宅が他人の手に渡ってしまったのでは、住宅ローンの特則を利用してマイホームを確保することができません。そこで、民事再生法は、裁判所が競売手続中止の命令を出すことができるようにしました。

　住宅ローンに関する特則を適用してもらいたいときには、再生計画の中に、「住宅資金特別条項」を盛り込んでおきます。この再生計画が認可される見込みがあるときには、債務者の申立てによって、裁判所に、競売手続の中止を命令してもらえます。もちろん、前ページで述べたように、保証会社による代位弁済がなされてから、6か月以上が経過してしまうと住宅ローンに関する特則は利用できなくなりますから、債務者の申立ては保証会社による代位弁済後、6か月以内であることが必要です。

　ただ、競売手続中止の命令を出す前には、裁判所が競売申立人、つまり保証会社の意見を聞くことになります。意見聴取によって、とても再生の可能性がないと判断されたときには、競売手続の中止命令も取り消される可能性がありますから、絶対に安心とはいえません。

● 再生計画が認可される見込み

　ところで、どのような場合に再生計画が認可される見込みがあるとされるのでしょうか。裁判所は、次に掲げる不認可事由が1つでもあれば、不認可の決定をしなければなりませんから、このような不認可事由のないことが「認可の見込みがある」場合だといってよいでしょう。

第6章　個人民事再生のしくみ

① 再生手続や再生計画が法律の規定に違反し、かつ、その不備を補正することができないとき（ただし違反の程度が軽微であれば不認可とはなりません）
② 再生計画の決議が債権者の一般の利益に反するとき
③ 再生計画が遂行可能であると認めることができないとき
④ 債務者が守ろうとしている住宅や宅地を使用する権利を失うこととなると見込まれるとき
⑤ 再生計画の決議が不正の方法によって成立したとき
⑥ 債務者が将来において継続的にまたは反復して収入を得る見込みがないとき
⑦ 無担保再生債権の総額が5000万円を超えているとき

● 再生計画はどのように行われるのか

　住宅資金特別条項付の再生計画が認可され確定すると、保証会社が代位弁済をしていた場合であってもその代位弁済はなかったものとみなされます。したがって、住宅ローンの債権者は、保証会社から元の銀行などの金融機関に戻ります（これを「住宅ローンの巻き戻し」といいます）。

　また、保証会社は、元の通り住宅ローンを保証する状態に戻ります。

　以後は、住宅ローンに関する再生計画も、金融機関と話し合いながら進めることになり、再生計画の遂行にあたっても、当然金融機関に対して返済を継続していくことになります。

　なお、代位弁済後に、債務者が保証会社に対して、債務の一部を返済していた場合には、保証会社が債権の一部を金融機関に払うことになります。

　また、返済期間の変更に伴って、保証料の見直しがなされることもありますから、そのときには保証料の追加が必要になってきます。

同意不要型と同意型がある

「同意不要型」には原則として3パターンある

● そのまま型と呼ばれるものもある

　住宅資金特別条項には、住宅ローン債権者の同意を必要としないもの（同意不要型）と同意を必要とするもの（同意型）があります。同意不要型として法律が定めているのは、次の3つの類型です。
① 　期限の利益回復型
② 　最終弁済期延長型
③ 　元本猶予型
　この他、法律に規定はないものの、実際にしばしば行われており、「同意不要型」に分類できるのが、「そのまま型」と呼ばれるパターンです。これは文字どおり、住宅ローンについては通常どおりの弁済を続けるというものであり、再生計画案にそのまま型の住宅資金特別条項を定める予定がある場合、個人民事再生手続開始の申立ての際に、「弁済許可の申立て」をする必要があります。これは、再生手続が開始すると再生債権への弁済が禁止されるため、住宅ローンについては契約どおり弁済することの許可を求めるというものです。弁済許可の申立てをしないと、住宅ローンについて期限の利益を喪失してしまい、「そのまま型」が使えなくなります。
　「同意型」は、住宅ローン債権者の同意を得て、同意不要型の3種類（及び「そのまま型」）以外の内容を自由に定めるというものです。

● 同意不要型の原則は期限の利益回復型

　住宅ローンに限らず、分割払い契約では、その支払いが滞ると、ただちに全額を一括して返済しなければならないという取り決めがな

れています。これを期限の利益の喪失といいます。

　住宅ローンに関する特則を利用して、何とかマイホームを守りたいと考えている人の中には、期限の利益喪失状態に陥っている人が少なくありません。この喪失した期限の利益を元の状態に戻して、返済を続けていけるようにするというのが、期限の利益回復型と呼ばれるしくみです。

　この方法では、住宅ローンのうち、返済が滞ってしまっている元本や利息・遅延損害金を、再生計画で定める返済期間（原則3年、例外5年）内に、分割して返済することになります。そして、まだ弁済期が到来していない分については、当初の住宅ローンの約定通りに支払っていきます。つまり、債務者としては、再生期間中は、①通常の住宅ローンの支払いと、②それまでの不履行部分の支払いを合わせて行わなければなりません。もちろん、再生計画終了後は、通常の住宅ローンだけの支払いになります。

● 具体的な支払いはどうなっているのか

　たとえば、住宅ローンについての不履行部分（元金、利息、遅延損害金）が、仮に120万円に達していたとしましょう。これを、原則3年で返済していくことになるわけですから、年間にすれば40万円、1月にすると、3万3333円になります。これに、通常の住宅ローン（これを月10万円としましょう）が加わります。そうなると、再生計画中の3年間は、住宅ローン関係の返済だけで、毎月13万3333円です。もちろん、4年目からは、元通り月10万円になります。

　住宅ローン以外の無担保の借金は、再生手続の中で最低100万円までに圧縮することも可能ですが、住宅ローンについては、それはできません。住宅ローン以外にも借金がある場合には、かなり厳しい返済計画になっていきます。

 # 返済の負担を軽減する他の方法にはどんなものがあるのか

最終弁済期延長型と元本猶予型がある

● 期限の利益回復型では苦しい場合には最終弁済期延長型

期限の利益回復型では、住宅ローンの返済額そのものは変わりません。そもそも借金自体が、身から出た錆といえる面があるとしても、かなり厳しい再生計画になるということは、想像できるでしょう。

たとえ、住宅ローン以外の無担保の借金は、最低で100万円までに圧縮できたとしても、多くの人にとっては、この条件で返済を継続するのは難しいと思われます。そんな場合に利用できる方式として最終弁済期延長型があります。

● 最終弁済期延長型のしくみ

この方法は、住宅ローンの返済期間を、当初の返済期間よりも最長で10年間延長しようというものです。再生計画前に、住宅ローンについて不履行部分があれば、それも同じく延長された返済期間の中で返済していくことになります。期限の利益回復型よりは、返済はかなり楽になりそうですが、返済期間延長後の完済時の債務者の年齢が、70歳以下までという条件がついています。

ですから、35歳のときに組んだ住宅ローンが、既に返済期間35年というものであると、この制度はあまり役に立ちません。既に当初の返済期間でさえ、完済時には債務者は70歳になってしまいます。金融機関が承諾でもしてくれない限り、この最終弁済期延長型は利用できないことになります。

新築マンションを購入する場合などでは、一般的に住宅ローンの最長返済期間は35年となっていることが多いようです。比較的若い人の

第6章 個人民事再生のしくみ

中で、当面の負担を軽減するために、この最長弁済期延長型の利用を考える人がいるかもしれませんが、自分の場合にはこの方法をとることが可能かどうか、契約書など住宅ローン関係の資料をよくチェックして、必ず確認しておきましょう。

● 最後の手段は元本猶予型

　民事再生法が定めている住宅ローンに関する特則で、最も返済の負担を軽減する効果が大きいのが、元本猶予型と呼ばれている方式です。この方法は、再生計画中は元本部分の返済を一部猶予してもらって、さらに最終返済期間を延長してもらいます。

　まず、住宅ローンの最終弁済期を最長で10年間延長してもらいます。もちろん、完済時には債務者の年齢は満70歳未満であること、という制限もあります。そして、再生計画中（原則３年、最長５年）は、利息の返済の他に、元本部分の返済を一部猶予してもらいます（元本猶予期間）。さらに、それまでに住宅ローンに不履行部分があれば、その返済も猶予してもらいます。

● 実際にはどうなるのか

　たとえば、年利３％で3000万円の住宅ローンがあるとすると、１か月当たりの利息は７万5000円程度になります。そして、元本部分の返済を１万円にしてもらうと、合計で８万5000円ずつ支払っていくことになります。もともとの元本部分の金額にもよりますが、この方法なら、それまでの返済額に比べても、再生期間中（元本猶予期間中）の月々の返済額は、少なくとも数万円は少なくできるはずです。

　再生計画が終了した後は、住宅ローンの返済は通常の形に戻ります。住宅ローンの不履行部分の返済も、このときから始まります。

　元本猶予期間中は、元本の返済を少なくしてもらっていましたが、再生計画終了後は、元本の返済も元に戻りますから、毎月の住宅ロー

ンの返済額は増えることになります。さらに、住宅ローンの不履行部分の返済も上乗せされてきますから、増加する返済額はけっこうな金額になることも予想されます。

しかし、元本猶予期間中、つまり再生計画中は、住宅ローン以外の無担保の借金の返済に、かなり専念できるでしょうから、その分がなくなった後は、住宅ローンの返済に専念すればよいことになります。

● 最後の最後は同意型に賭ける

同意不要型では、この元本猶予型が最後の手段ということになりますから、何とかここまでの３つの方式の中で、解決策を見つけ出したいものです。しかし、いずれの方法をとっても、住宅ローン以外に借金がある人にとっては、マイホームを守るのは至難の技かもしれません。収入が安定している会社員でも、不況や業績悪化によって給与が減少したり、転職を余儀なくされることもありますので、再生計画が認可されても履行に不安が残ることも多いでしょう。

ただ、同意不要型はあくまでも法律で定められている類型であって、債務者と住宅ローン債権者がよく話し合って、前述した類型の枠を超えた同意型の住宅資金特別条項を定めることができれば、それに越したことはありません。

現実には債権者の同意を得るのはかなり難しいといえますが、もし同意が得られるのであれば、元本や利息の一部カット、遅延損害金の免除、債務者の年齢が70歳を超える時点までの最終弁済期の延長などを内容とした住宅資金特別条項を定めることもできるかもしれません。債権者としても、一見不利なようですが、債務者の状況を考えればこのような内容の方が履行の可能性が高まり、最終的には有利であると考え、同意することも考えられるでしょう。

# 申立関係書類と再生計画案の書き方を知っておこう

前もって金融機関と協議する

● 具体的な申立関係書類について

申立関係書類として、以下のような書類を提出します。

再生手続開始申立書・陳述書・家計全体の状況・財産目録・添付書類一覧表・債権者一覧表・可処分所得額算出シート

再生手続開始申立書には、住宅ローン債務について、再生計画で特別な予定を定める場合には、「3 再生計画案の作成の方針についての意見」のところの住宅資金特別条項の□にチェックを入れます。また、申立関係書類の他に、債務者が申立てをするときに、債権者一覧表に住宅ローンに関する権利変更条項（住宅資金特別条項）を定めた再生計画案を提出する旨を記載しておかなければなりません。

同意型の場合を除いて、住宅資金特別条項付の再生計画案に対し、住宅ローン債権者が同意するかどうかは問題となりませんが、裁判所は住宅ローン債権者の意見を聴きます。このこともあって、債務者は、住宅資金特別条項を定めた再生計画案を提出する場合には、あらかじめ住宅ローン債権者と協議をしなければなりません。協議の際には、債務者の給与証明書や住宅の登記事項証明書などを、住宅ローン債権者に提出することになるでしょう。住宅ローン債権者は、債務者から提示された書類などを参考に、住宅資金特別条項の立案について助言をすることになります。再生計画案によって、債務について便宜を図ってもらうには、住宅ローン債権者とよい関係を築くことが大切です。このような協議を行うことで、債務者と住宅ローン債権者との

間で、返済に向けた現実的な再生計画案を立てることができるのです。

　住宅資金特別条項においては、住宅資金特別条項である旨と以下に記載した事項を明示しなければなりません。
① 　再生計画において住宅資金特別条項を定めることができる住宅資金貸付債権をもっている債権者、または巻戻し条項（住宅資金特別条項を定めた再生計画の認可決定が確定した場合において、保証会社が既に金融機関に対して保証債務を履行していたときは、その保証債務は初めから履行されていなかったものとみなすこと）の規定により住宅資金貸付債権をもつこととなる者の氏名、住所
② 　住宅と住宅の敷地の表示
③ 　住宅と住宅の敷地に設定されている住宅資金貸付債権に規定された抵当権の表示

● 住宅資金特別条項の添付書類

　債務者は、住宅資金特別条項を定めた再生計画案を提出するときには、以下に記載した書面を一緒に提出しなければなりません。
① 　住宅資金貸付契約の内容を記載した書面の写し
② 　住宅資金貸付契約に定める各弁済期における弁済すべき額を明らかにする書面
③ 　住宅と住宅の敷地の不動産の登記事項証明書（登記簿謄本）
④ 　住宅以外の不動産（ただし、住宅の敷地を除く）で、住宅資金貸付債権で規定された抵当権が設定されているときは、その不動産の登記事項証明書（登記簿謄本）
⑤ 　債務者の住宅において自己の居住のために使用されない部分があるときは、この住宅のうち債務者の居住にために使用されている部分と使用されている部分の床面積を明らかにする書面
⑥ 　保証会社が住宅資金貸付債権にかかる保証債務の全部を履行したときは、この履行により保証債務が消滅した日を明らかにする書面

【監修者紹介】
松岡　慶子（まつおか　けいこ）
認定司法書士。大阪府出身。神戸大学発達科学部卒業。専攻は臨床心理学。音楽ライターとして産経新聞やミュージック・マガジン、クロスビート、CDジャーナルなどの音楽専門誌等に執筆経験がある。2013年4月司法書士登録。大阪司法書士会会員、簡裁訴訟代理関係業務認定。大阪市内の司法書士法人で、債務整理、訴訟業務に従事した後、2016年に「はる司法書士事務所」を開設。債務整理業務を中心に、依頼者の方にとって最も利益となる問題解決方法を提案し、生活再建に向け全力でサポートしている。
監修書に『図解で早わかり　商業登記のしくみ』『図解で早わかり　不動産登記のしくみと手続き』『福祉起業家のためのNPO、一般社団法人、社会福祉法人のしくみと設立登記・運営マニュアル』（いずれも小社刊）がある。

はる司法書士事務所
大阪府大阪市中央区平野町 3-1-7　日宝平野町セントラルビル 605 号
電話：06-6226-7906
mail　harulegal@gmail.com

すぐに役立つ
これならわかる
入門図解　任意売却と債務整理のしくみと手続き

2017年2月10日　第1刷発行

監修者		松岡慶子
発行者		前田俊秀
発行所		株式会社三修社
		〒150-0001　東京都渋谷区神宮前2-2-22
		TEL　03-3405-4511　FAX　03-3405-4522
		振替　00190-9-72758
		http://www.sanshusha.co.jp
		編集担当　北村英治
印刷所		萩原印刷株式会社
製本所		牧製本印刷株式会社

©2017 K. Matsuoka Printed in Japan
ISBN978-4-384-04740-0 C2032

Ⓡ〈日本複製権センター委託出版物〉
本書を無断で複写複製（コピー）することは、著作権法上の例外を除き、禁じられています。本書をコピーされる場合は事前に日本複製権センター（JRRC）の許諾を受けてください。
JRRC（http://www.jrrc.or.jp　e-mail：jrrc_info@jrrc.or.jp　電話：03-3401-2382）